留学生本科必修课系列教材

第二版

4



# 汉语纵横 Jump High

## A Systematic Chinese Course

## 听力课本 Listening TEXTBOOK

李彤 编著

北京语言大学出版社
BEIJING LANGUAGE AND CULTURE UNIVERSITY PRESS

**图书在版编目（CIP）数据**

汉语·纵横听力课本．4／李彤编著．—2版．—北京：北京语言大学出版社，2011.9
留学生本科必修课系列教材
ISBN 978-7-5619-3127-1

Ⅰ．①汉…　Ⅱ．①李…　Ⅲ．①汉语－听说教学－对外汉语教学－教材　Ⅳ．①H195.4

中国版本图书馆CIP数据核字（2011）第185497号

**书　　名：**汉语·纵横　听力课本4
**责任印制：**汪学发

**出版发行：**北京语言大学出版社
**社　　址：**北京市海淀区学院路15号　**邮政编码：**100083
**网　　址：**www.blcup.com
**电　　话：**发行部　010-82303650／3591／3651
编辑部　010-82303647／3592
读者服务部　010-82303653／3908
网上订购电话　010-82303668
客户服务信箱　service@blcup.net
**印　　刷：**北京画中画印刷有限公司
**经　　销：**全国新华书店

**版　　次：**2011年9月第2版　2011年9月第1次印刷
**开　　本：**889毫米×1194毫米　1/16　**印张：**10.75+7.75
**字　　数：**297千字
**书　　号：**ISBN 978-7-5619-3127-1／H·11171
**定　　价：**75.00元

# 第二版前言

《汉语·纵横》是《外国学生汉语言专业本科系列教材》（中国社会科学出版社，2004 年）的修订版，包括汉语精读、汉语会话、汉语听力/视听说、汉语写作、外汉翻译五大纵向技能，从预科到三年级下册七大横向层次，纵横匹配的留学生本科必修课系列教材，共计 38 册。

此次修订，主要体现在以下几方面。

## 一 补齐初版空缺的部分教材

目前国内设置的留学生本科学制一般为四年。四年级大多开设专业课、撰写毕业论文，汉语技能训练课一般安排在从预科到三年级下学期共计 7 个学期内学习。此次修订我们补齐了三年级下册的精读课本、三年级上下册的会话课本、汉语写作（上、下）以及英汉、日汉、韩汉翻译教程。这样本套教材在横向的七个层次、纵向的听说读写译五大技能的匹配上更为完善。

## 二 课本与练习各自独立成册

本系列教材练习题型多样，题量丰富，此次修订仍保留了这一特点。为便于学习和使用，将课本与相应练习各自独立成册。

## 三 词语表增加了词语在《汉语国际教育用音节汉字词汇等级划分》中所属等级

初版教材每册课本“词语总表”标注了每个词语在《高等学校外国留学生汉语言专业教学大纲》、《汉语水平词汇与汉字等级大纲》中所属等级，此次修订增加了词语在 2010 年 10 月颁布的《汉语国际教育用音节汉字词汇等级划分》中所属等级，方便使用者参考。

## 四 预科和一年级上册课本增加了英语注释

国内对外汉语教学模式一般都将汉语基础语法项目和语言点安排在初级阶段学习，而此时正是学习者汉语水平最低阶段，讲解语法点和语言点会遇到一些专业术语，将增加学习负担。此次修订，我们采纳了使用者的意见，增加了预科、一年级上册两个等级各类教材的英语注释。

## 五 每册课本前增加了“使用说明”

每册课本前增加的“使用说明”详细说明了本册课本的适用对象、课时安排、讲解重点以及注意事项。

## 六 版式设计更精美

北京语言大学出版社以出版对外汉语教材而享誉全球，此次修订在版式设计上更美观，图片精美，排版疏朗大方，更适合学习使用。

初版教材自出版以来受到广大使用者的普遍好评，2008年获得北京师范大学本科教育优秀奖。现在《汉语·纵横》出版在即，我们全体编写者衷心感谢几年来教材使用者向我们提供的宝贵修改意见；衷心感谢北京师范大学汉语文化学院对本教材修订给予的支持和资助；衷心感谢北京语言大学出版社为编辑、出版第二版付出的大量认真辛苦的工作。

原编写委员会主任之一陈绂教授已退休多年，此次修订出版工作由马燕华全面负责。在此，本人衷心感谢全体编写人员对我的充分信任和大力支持。

《汉语·纵横》编写委员会主任　马燕华

2011年8月

# 使用说明

## 一 适用对象

本册教材适用于已学习汉语两年以上、汉语词汇量在3000词左右、接受过初级汉语听力训练的外国学生。

## 二 课时安排

本册教材前4课由两篇课文组成，每篇课文教学时间建议为3课时：第一课时讲练生词、“重点句型和词语”，完成“预听”；第二、三课时听课文录音，完成“精听”。5~14课每课建议用4课时：第一课时讲练生词、“重点句型和词语”，完成“预听”；第二、三课时听课文录音，完成“精听”；第四课时结合课文、生词、“重点句型和词语”做听写或复述句子等形式的练习，完成“泛听部分”。

## 三 讲解重点

本册教材属于中高级汉语听力训练教材，除了训练学生对语料的快速反应能力以外，还应注意训练学生听各种形式语音材料的能力，其中包括听大段对话的能力和听采访、争论、座谈、讲座的能力等。

## 四 教学建议

使用本教材时，应强调学生课前预习生词，教学过程可按“预听——精听——发展”步骤进行。“预听”环节教师应在学生课前预习生词的基础上讲练生词、“重点句型和词语”。“预听”环节的练习题可要求学生在课前完成。“精听”环节的练习题应在学生精听课文的过程中穿插完成：“选择正确答案”可在听第一遍后完成，“回答下列问题”是“精听”的重点，“判断对错”和“听录音，填空”应在学生听懂全文后进行。“发展”和“泛听部分”可作为学生课后作业，由学生独立完成。

## 五 其他

本册教材除课本之外，还有录音MP3、“录音文本及参考答案”册。课本中凡是配有录音的部分均用🎧标记，“重点句型和词语”、生词、课文、预听、精听、发展、练习等大的板块还注明了该部分听辨材料对应的MP3文件名（如文件名“01-1”表示第一课的第一个录音文件），方便教师播放录音时迅速定位及重复播放。“录音文本及参考答案”中，参考答案统一用答案标示，其余均为和听力练习题对应的听辨材料录音文本。学习者也可结合课本、MP3和“录音文本及参考答案”，进行自学、自练、自测。

配套录音中的中国民乐由“女子十二乐坊”演奏，在此深表谢意。

编者　李彤

2011年8月

# 词类简称表
# Abbreviations of parts of speech

| 缩写<br>Abbreviations | 英文全称<br>Parts of speech in English | 词类名称及简称<br>Parts of speech and abbreviations in Chinese | 拼音<br>Parts of speech in *pinyin* |
|---|---|---|---|
| **Adj** | Adjective | 形容词（形） | xíngróngcí |
| **Adv** | Adverb | 副词（副） | fùcí |
| **AsPt** | Aspect Particle | 动态助词 | dòngtài zhùcí |
| **Conj** | Conjunction | 连词（连） | liáncí |
| **Int** | Interjection | 叹词（叹） | tàncí |
| **M** | Measure Word | 量词（量） | liàngcí |
| **MdPt** | Modal Particle | 语气助词 | yǔqì zhùcí |
| **N** | Noun | 名词（名） | míngcí |
| **Nu** | Numeral | 数词（数） | shùcí |
| **Ono** | Onomatopoeia | 拟声词（拟声） | nǐshēngcí |
| **OpV** | Optative Verb | 能愿动词（能愿） | néngyuàn dòngcí |
| **PN** | Proper Noun | 专有名词（专名） | zhuānyǒu míngcí |
| **Pr** | Pronoun | 代词（代） | dàicí |
| **Pref** | Prefix | 词头（头） | cítóu |
| **Prep** | Preposition | 介词（介） | jiècí |
| **Pt** | Particle | 助词（助） | zhùcí |
| **Q** | Quantifier | 数量词（数量） | shùliàngcí |
| **StPt** | Structural Particle | 结构助词 | jiégòu zhùcí |
| **Suf** | Suffix | 词尾（尾） | cíwěi |
| **V** | Verb | 动词（动） | dòngcí |
| **V//O** | Verb-object Compound | 离合词（离） | líhécí |

# 目　录
# Contents

# Lesson 1
# 告别失望和疲惫

01

## 训练重点

- **精听第一部分** 准确把握谈话人的身份及谈话时间、女老师参加培训班前后的变化、女老师的收获、男老师的思考。
- **精听第二部分** 准确把握培训班的内容，注意时间连接词语，准确把握“我”的心理变化过程和“我”参加培训班后的感受，准确理解“窗户”和“风景”的含义。

## 重点句型和词语

01-1

| | |
|---|---|
| 1. 怪不得<br>guàibude | 怪不得你上学期显得特别憔悴呢。 |
| 2.（就）像……一样<br>(jiù) xiàng……yíyàng | 就像刚睡着就被叫起来一样。 |
| 3. 不只……也……<br>bùzhǐ……yě…… | 它不只扼杀了孩子们的天真，也正在一步步地将我们自己逼向失望与疲惫的境地。 |
| 4. 甚至<br>shènzhì | 但当我发现身边的“笨笨”“弱弱”，甚至还有“机器猫”“樱桃小丸子”时，我感到了从未有过的轻松。 |
| 5. 或……或……<br>huò……huò…… | 每扇窗户都是一处风景，或喜、或忧、或笑、或泪，让我非常感慨。 |
| 6. 不是……而是……<br>bú shì……ér shì…… | 我不舍的不是简单的几个朋友，而是那种人与人之间和谐、融洽的感觉。 |

# 精听部分

## （一）

### 词语表 01-2

| | | | | |
|---|---|---|---|---|
| 1 | 疲惫 | píbèi | 形 | tired, exhausted |
| 2 | 兼任 | jiānrèn | 动 | hold a concurrent post |
| 3 | 预测 | yùcè | 动 | predict |
| 4 | 憔悴 | qiáocuì | 形 | haggard |
| 5 | 培训 | péixùn | 动 | train, cultivate |
| 6 | 宽松 | kuānsōng | 形 | relaxed |
| 7 | 沟通 | gōutōng | 动 | communicate |
| 8 | 陷入 | xiànrù | 动 | sink into |
| 9 | 模式 | móshì | 名 | model, mode |
| 10 | 扼杀 | èshā | 动 | smother |
| 11 | 天真 | tiānzhēn | 形 | naive, innocent |
| 12 | 境地 | jìngdì | 名 | condition, situation |

### 注释

① 一眨眼就过去了 yì zhǎyǎn jiù guòqu le
形容时间过得很快。

② 班主任 bānzhǔrèn
学校中负责一班学生思想工作、集体活动等的教师。

③ 打不起精神 dǎbuqǐ jīngshen
因为疲劳或没有兴趣而没有精神的样子。

## 预 听

### 一 听录音（01-2），跟读生词，注意发音准确

### 二 完成下列词语搭配

1. 宽松的 ________　　2. 善意的 ________　　3. 天真的 ________

4. ________ 的模式　　5. ________的境地　　6. 陷入 ________

7. 扼杀 ________　　8. 面容 ________　　9. 显得 ________

### 三 用下列词语造句

1. 兼任：________________________________

2. 预测：________________________________

3. 培训：________________________________

4. 沟通：________________________________

### 四 根据生词和练习题，猜测课文主要内容

## 精 听

01-4

课文 01-3

### 一 听全文录音（01-3），选择正确答案

1. A. 放暑假前　　B. 暑假期间　　C. 新学期开学前

2. A. 工作太累　　B. 教两个班　　C. 参加培训班

3. A. 去桂林疗养　　B. 参加培训班　　C. 在家睡觉

4. A. 好像浑身有使不完的劲儿　　B. 陷入了可怕的模式

C. 紧张而疲惫

5. A. 他们有有趣的活动　　B. 给孩子们提供了宽松的环境

C. 扼杀了孩子的天真

## 二　听全文录音（01-3），回答下列问题

1. 谈话人是做什么的？

2. 男的为什么说“时光飞逝”？

3. 女的上学期为什么很累？

4. 女的刚放假时最想做什么？

5. 学校派女的参加了什么培训班？

6. 参加了培训班以后，女的有什么变化？

7. 女的参加培训班后有什么收获？

8. 男的常常想什么问题？

9. 他们两个人这学期将做什么？

## 三　听全文录音（01-3），判断下列句子是否正确，并说明原因

1. 男的很喜欢上班。　（　　）

2. 女的上个学期特别憔悴。　（　　）

3. 女的暑假期间睡了三天三夜。　（　　）

4. 女的一直对参加培训班很有兴趣。　（　　）

5. 这个培训班改变了女的对工作的想法。（　　）

6. 参加了培训班后，女的心情很愉快。（　　）

7. 男的对自己的工作情况很满意。（　　）

## 四 听句子，复述

## 五 听录音，填空

1. 男：真是________，盼了好久的暑假，________就过去了。紧张而________的一个学期刚刚过去，新学期马上又来了。我真不想开学！

女：上个学期我比你还累呢。我教两个班，当一个班的班主任，还________年级组组长，每天________得工作12个小时！而且每天的事情都是没完没了的，无法________。

男：怪不得你上学期显得特别________呢。

2. 女：因为这个培训班________，我的收获很大。通过培训，我认识到，我们的学生在学校的时候需要________的气氛、________的活动、善意的________和热情的________。

男：我也考虑过这个问题。我常常想，作为老师，我们是不是________了一种可怕的________，它不只________了孩子们的天真，也正在一步步地将我们自己逼向失望与疲惫的________。

# 发　展

## 一 用自己的话概括课文（一）的主要内容

## 二 讨论

你认为在学校老师应该怎样对待学生？

# （二）

## 词语表 01-5

| | | | | |
|---|---|---|---|---|
| 1 | 学识 | xuéshí | 名 | learning, knowledge |
| 2 | 口才 | kǒucái | 名 | eloquence |
| 3 | 洋溢 | yángyì | 动 | be full of |
| 4 | 活力 | huólì | 名 | energy, vitality |
| 5 | 害羞 | hàixiū | 形 | shy |
| 6 | 开心 | kāixīn | 形 | happy |
| 7 | 探讨 | tàntǎo | 动 | discuss, probe |
| 8 | 感慨 | gǎnkǎi | 动 | sigh with emotion |
| 9 | 穿插 | chuānchā | 动 | be interspersed with |
| 10 | 盲人 | mángrén | 名 | blind person |
| 11 | 恐惧 | kǒngjù | 形 | scared |
| 12 | 依赖 | yīlài | 动 | depend on |
| 13 | 赠言 | zèngyán | 名 | parting words (of encouragement or advice) |
| 14 | 不知不觉 | bù zhī bù jué | | unconsciously |
| 15 | 依依不舍 | yīyī bù shě | | be reluctant to part |
| 16 | 和谐 | héxié | 形 | harmonious |
| 17 | 融洽 | róngqià | 形 | on friendly terms |

## 注释

① 机器猫、樱桃小丸子 Jīqi Māo、Yīngtao Xiǎo Wánzǐ
日本动画片中两个著名的卡通形象。

## 预 听

### 一 听录音（01-5），跟读生词，注意发音准确

### 二 完成下列词语搭配

1. 学识 ________　　2. 口才 ________　　3. 感到 ________

4. 依赖 ________　　5. ________赠言　　6. 优秀的 ________

7. 关系 ________　　8. 融洽的 ________　　9. ________活力

### 三 用下列词语造句

1. 洋溢：________________________________

2. 穿插：________________________________

3. 感慨：________________________________

4. 探讨：________________________________

5. 依依不舍：______________________________

### 四 根据生词和练习题，猜测课文主要内容

## 精 听

01-7

课文 01-6

### 一 听全文录音（01-6），选择正确答案

1. A. 很懒　　B. 没兴趣　　C. 被吸引了

2. A. 大家一起做游戏　　B. “我”的名字叫“咪咪”

C. 每个同学都起了一个很可爱的名字

3. A. 感到与人非常亲近　　B. 感到从未有过的轻松

C. 感到自己需要别人的帮助

4. A. 对人有依赖感　　B. 依依不舍　　C. 觉得自己优秀

5. A. 因为“我”觉得厌烦　　B. 因为“我”觉得很兴奋

C. 因为“我”感受到了自己的成熟和成长

## 二 听全文录音（01-6），回答下列问题

1. 暑假期间“我”参加了什么培训班？

2. 刚开始时“我”是什么态度？

3. 做游戏时“我”有什么感受？

4.“咪咪”“笨笨”“弱弱”“机器猫”“樱桃小丸子”都是些什么？

5.“一扇扇窗户”和“风景”指的是什么？

6. 像盲人一样被牵着行走时，“我”有什么感觉？

7.“我”为什么开始有些喜欢自己了？

8. 培训班结束时，什么让“我”觉得不舍？

9. 培训班期间，“我”经历了哪些心理变化？

## 三 听全文录音（01-6），判断下列句子是否正确，并说明原因

1. 在培训班上，“我”的一个同学原来的名字叫“笨笨”。（　　）

2. 培训班有时做游戏，有时探讨问题。（　　）

3. 培训时“我”打开很多窗户，看到了很多风景。（　　）

4. 培训快结束时，培训班的同学们互相写赠言。（　　）

5. 培训班举办了四天。（　　）

6. 通过培训，“我”觉得自己变优秀了。（　　）

## 四　听录音，填空

1. 暑假期间，我参加了一个“中小学教师________培训班”。第一天上课，我________地来到教室。没想到，培训一开始，我就被深深地吸引住了。这不只因为老师的________和________，还因为那些________而________的活动。我和几十位老师一起推气球、抢座位的时候，我才感到这些童年的游戏是那么________。我看到了大家脸上________的________，也听到了每个人不同的思考。

2. 在以后的时间里，我们共同________了每个人的过去、现在和未来。我的面前像打开了一扇扇窗户，每扇窗户都是一处________，或喜、或忧、或笑、或泪，让我非常________。我从未感到与人这样亲近，也从未感到如此的安全和被理解。当然，探讨的过程也________着游戏。我忘不了自己像盲人一样被牵着行走时的感觉，那种________，那种________，我感到自己是那么需要别人的帮助。培训班结束前写________时，我又看到了同学给我写下的许多________。

# 发　展

## 一　用自己的话概括课文（二）的主要内容

## 二　讨论

你认为学生在学习时最需要的是什么？

# 泛听部分

## （一）

### 词语表 01-8

| | | | | |
|---|---|---|---|---|
| 1 | 挖掘 | wājué | 动 | dig out |
| 2 | 厌弃 | yànqì | 动 | detest |
| 3 | 百分制 | bǎifēnzhì | 名 | hundred-mark system |

### 练习

课文 01-9

**听全文录音（01-9），回答下列问题**

1. 说话人认为素质教育的意义是什么？

2. 说话人认为教育失败的原因是什么？

3. 孩子为什么会厌学？

4. 减负的重点应该是什么？

# （二）

## 词语表 01-10

| | | | | |
|---|---|---|---|---|
| 1 | 自主 | zìzhǔ | 动 | act on one's own |
| 2 | 营造 | yíngzào | 动 | construct |
| 3 | 激发 | jīfā | 动 | stimulate |
| 4 | 艰辛 | jiānxīn | 形 | arduous |

## 练习

课文 01-11

### 听全文录音（01-11），回答下列问题

1. 快乐教育的本质是什么？

2. 快乐教育需要哪四个环境？

3. 进行快乐教育时，教师应该怎样做？

2

# Lesson 2
# 聊天儿动手不动口

02

## 训练重点

- **精听第一部分** 掌握通过听数字判断、分析所听内容的方法，理解手机短信息流行的原因。
- **精听第二部分** 把握讲话的层次，把握关键词语；准确理解手机短信息受欢迎的原因及手机短信息的弊病。

## 重点句型和词语

02-1

| | |
|---|---|
| 1. 且不说……，就是……也……<br>qiě bù shuō……, jiùshì……yě…… | 且不说网站上数百条供你点击的各类短信息用语，就是手机上，也有设定好的常用短信息。 |
| 2. 诸如……之类<br>zhūrú……zhī lèi | 诸如“在老地方见”“我将迟到几分钟”之类。 |
| 3. 就……而言<br>jiù……ér yán | 如果仅就方便快捷而言，打电话可能要比发送短信息来得更快些。 |
| 4. 之所以……是因为……<br>zhī suǒyǐ……shì yīnwèi…… | 短信息之所以受欢迎，是因为它除了不受时间和地点的限制外，还能带来一种心理上的愉快和喜悦。 |

# 精听部分

## （一）

### 词语表 02-2

| | | | | |
|---|---|---|---|---|
| 1 | 接收 | jiēshōu | 动 | receive |
| 2 | 时尚 | shíshàng | 名 | fad, fashion |
| 3 | 启动 | qǐdòng | 动 | initiate, launch |
| 4 | 恭喜 | gōngxǐ | 动 | congratulate |
| 5 | 足以 | zúyǐ | 动 | be sufficient |
| 6 | 便捷 | biànjié | 形 | convenient and fast |
| 7 | 随时随地 | suíshí suídì | | anytime and anywhere |
| 8 | 替代 | tìdài | 动 | replace |
| 9 | 便利 | biànlì | 形 | convenient |

### 注释

① 中国移动 Zhōngguó Yídòng
中国移动通信集团公司的简称。

## 预　听

### 一　听录音（02-2），跟读生词，注意发音准确

### 二　完成下列词语搭配

1. 接收 ________　　2. 启动 ________　　3. 输入 ________

4. ________ 便利　　5. 便捷的 ________

## 三 用下列词语造句

1. 免费：______

2. 足以：______

3. 时尚：______

4. 随时随地：______

## 四 根据生词和练习题，猜测课文主要内容

## 精听 02-4

课文 02-3

## 一 听全文录音（02-3），选择正确答案

1. A. 2000 年下半年　　B. 2001 年除夕　　C. 2001 年
2. A. 100 亿元　　B. 10 亿元　　C. 0.1 亿元
3. A. 7000 多　　B. 75730　　C. 30 万
4. A. 便捷　　B. 时尚　　C. 替代服务
5. A. 可以随时打电话　　B. 可以随时接电话　　C. 可以用短信交流

## 二 听全文录音（02-3），回答下列问题

1. 男的最近有什么新发现？

2. 从 2000 年下半年开始中国移动做了哪些事情？

3. 有关人士有什么预测？

4. 除夕夜里什么短信息被点击的次数比以前多很多？

5. 男的提到的报道说明什么？

6. 女的认为手机短信息流行的根本原因是什么？为什么？

7. 课文中提到了哪些常用短信息？

8.“动手不动口”这里是指什么？

## 三 听句子，复述

## 四 听录音，填空

男：自从进入21世纪，用手机________地发送和接收短信息已经成为一种文化________。

女：是这么回事儿。据报道，自2000年下半年中国移动免费为用户开通短信息服务以及________“移动梦网”计划以来，国内手机短信息数量每月________几千万条。有关人士________，2001年，将有100亿条短信息在手机上发送。如果以每条________计算，中国人花在短信息上的费用将是________！

男：前几天，我也看了一篇报道，上面说，仅是“________”这条短信息，在2001年除夕夜里，就被________人点击发送，是以前一个月点击数的3倍多。湖北移动武汉营销中心统计，2000年12月31日______至______的4个小时内，短信息流量高达________次，平均每小时近________次。元旦期间，________使用短信息。

## 发 展

## 一 举例说明手机短信息在城市的流行程度

## 二 讨论

你喜欢用什么方法跟朋友联系？为什么？

# （二）

## 词语表 02-5

| | | | | |
|---|---|---|---|---|
| 1 | 恶作剧 | èzuòjù | 名 | prank |
| 2 | 隐蔽 | yǐnbì | 形 | hidden |
| 3 | 心态 | xīntài | 名 | mentality |
| 4 | 暴露 | bàolù | 动 | expose |
| 5 | 责怪 | zéguài | 动 | blame |
| 6 | 用意 | yòngyì | 名 | intention |
| 7 | 幽默 | yōumò | 形 | humorous |
| 8 | 无伤大雅 | wú shāng dàyǎ | | involving no major principle |
| 9 | 弊病 | bìbìng | 名 | disadvantage |
| 10 | 骚扰 | sāorǎo | 动 | harass |
| 11 | 传送 | chuánsòng | 动 | transmit |
| 12 | 诱导 | yòudǎo | 动 | induce, lead |
| 13 | 倾向 | qīngxiàng | 名 | propensity, tendency |

## 注释

① 顺口溜 shùnkǒuliū

中国民间流行的一种口头表达方式，句子长短不等，纯用口语，每句最后一个字的韵母相同或相近，因此念起来很顺口。

② 打油诗 dǎyóushī

一种内容和词句通俗诙谐的中国旧体诗，不像其他种类的旧体诗一样严格遵守古代诗歌在韵母和声调上的限制。

③ 谐音词 xiéyīncí

读音相同或相近的词。

## 预 听

### 一 听录音（02-5），跟读生词，注意发音准确

### 二 完成下列词语搭配

1. 暴露 ________　　2. ________ 弊病　　3. 传送 ________

4. ________ 倾向　　5. 幽默的 ________

### 三 用下列词语造句

1. 隐蔽：________________________________

2. 责怪：________________________________

3. 用意：________________________________

4. 无伤大雅：________________________________

5. 诱导：________________________________

### 四 根据生词和练习题，猜测课文主要内容

## 精 听 02-7

课文 02-6

### 一 听全文录音（02-6），选择正确答案

1. A. 恶作剧　　B. 暴露身份、受到责怪　　C. 猜猜我是谁

2. A. 轻松有趣　　B. 太沉重　　C. 有诱导犯罪的倾向

3. A. 不想让生活太沉重，希望多一些无伤大雅的玩笑

   B. 躲开无用甚至有害信息的骚扰

   C. 让无用信息到我们这里为止

4. A. 发送者在幕后　　　B. 有很多谐音词
C. 可能让人们受到无用信息的骚扰

## 二 听全文录音（02-6），回答下列问题

1. 手机短信息受欢迎的原因是什么？
2. 发短信息的人有什么样的心理？
3. 社会心理学家认为人为什么喜欢发短信息？
4. 短信息发送者的快乐心态是什么？
5. 发送短信息不用担心什么事情？
6. 大部分人发送短信息的用意是什么？
7. 短信息能满足人们的什么需求？
8. 手机短信息有什么弊病？
9. 说话人怎么评论某些广为流传的短信息？
10. 对于无用或有害信息，应该怎么办？

## 三 听全文录音（02-6），判断下列句子是否正确，并说明原因

1. 打电话比发送短信息更方便快捷。（　　）
2. 发送短信息可以让人有一种创造性的喜悦。（　　）
3. 短信息的表达方式主要是顺口溜和打油诗。（　　）
4. 短信息没有弊病。（　　）
5. 流行中的东西都会有缺点。（　　）

## 四 听句子，复述

## 五 听录音，填空，并简短概括你听到的内容

如果仅就方便快捷________，打电话可能要比发送短信息来得更快些。短信息________受欢迎，是因为它除了不受时间和地点的________外，还能带来一种心理上的愉快和喜悦。这种心理可能是一种________性的，也可能是开个玩笑的________。社会心理学家指出，人可以从某些________的恶作剧里获得快乐。“猜猜我是谁”的心理是不少手机短信息发送者的“快乐”心态，因为发送者在________，尤其是那些通过网络发送的短信息，很难查到发送人，所以不用担心自己身份________、受到________。其实大多数人只是想开个玩笑，你乐我乐，并没有什么不好的________，这也可能是短信息流行的另一个原因，让自己和别人________。

# 发展

## 一 请说说手机短信息的利与弊

## 二 介绍你最喜欢的联络方式，并说明原因

# 泛听部分

## （一）

### 词语表 02-8

| | | | | |
|---|---|---|---|---|
| 1 | 保守 | bǎoshǒu | 形 | conservative |
| 2 | 抵触 | dǐchù | 动 | conflict, oppose |
| 3 | 聋哑 | lóngyǎ | 形 | deaf-mute |
| 4 | 诧异 | chàyì | 形 | astonished |
| 5 | 天涯 | tiānyá | 名 | remotest place on earth |
| 6 | 咫尺 | zhǐchǐ | 名 | very short distance |
| 7 | 革命 | gémìng | 名 | revolution |

练　习

课文 02-9

**听全文录音（02-9），回答下列问题**

1. 说话人对手机短信的态度有什么改变？

2. 说话人在公交车上看到了什么事情？

3. 说话人有什么感想？

4. 用你自己的话复述这个故事。

# （二）

## 词语表 02-10

| | | | | |
|---|---|---|---|---|
| 1 | 撰稿 | zhuàngǎo | 动 | write articles or essays |
| 2 | 恶劣 | èliè | 形 | bad |
| 3 | 丰厚 | fēnghòu | 形 | rich and generous |
| 4 | 牺牲 | xīshēng | 动 | sacrifice |
| 5 | 划不来 | huábulái | 形 | not worthwhile |

## 练　习 02-12

课文 02-11

### 听全文录音（02-11），选择正确答案

1. A. 律师　　B. 自由撰稿人　　C. 公司老板

2. A. 因为不用在固定时间去公司上班　　B. 因为上班车太挤
   C. 因为很自由

3. A. 自己在家办公　　B. 自己当老板　　C. 手机

4. A. 丰厚的收入　　B. 汽车和房子　　C. 生活的品质

# Lesson 3

# 北京，北京 03

## 训练重点

- **精听第一部分** 理解谈话发生的时间、地点及说话人的身份，理解男的对北京的感受，理解外地人对北京的不适和男的在北京的生活。
- **精听第二部分** 掌握听后总结概括的能力，理解房租和交通是外地人的两笔大开销的原因，理解很多外地人选择在北京发展的原因。

## 重点句型和词语 03-1

1. 恐怕
   kǒngpà

   恐怕谁也不能确切地说出在北京的外地人数目。

2. 由此可见
   yóu cǐ kě jiàn

   由此可见，北京是一座充满希望和梦想的城市，是一个可以体现自己价值和潜力的地方。

3. 意味着
   yìwèizhe

   这意味着如果你想购买一个50平方米的小窝，就要比北京人多花5万～10万元。

4. 对于……而言
   duìyú……ér yán

   对于在北京发展的外地人而言，户口已经不再重要。

# 精听部分

## （一）

### 词语表 03-2

| | | | | |
|---|---|---|---|---|
| 1 | 梦寐以求 | mèngmèi yǐ qiú | | long for sth. day and night |
| 2 | 人流 | rénliú | 名 | stream of people |
| 3 | 确切 | quèqiè | 形 | precise |
| 4 | 梦想 | mèngxiǎng | 名 | dream |
| 5 | 孤独 | gūdú | 形 | lonely |
| 6 | 寂寞 | jìmò | 形 | lonely |
| 7 | 苦恼 | kǔnǎo | 形 | distressed |
| 8 | 困惑 | kùnhuò | 形 | perplexed |
| 9 | 绝望 | jué wàng | 离 | despair |
| 10 | 屈服 | qūfú | 动 | surrender, yield |
| 11 | 如愿以偿 | rú yuàn yǐ cháng | | have one's wish fulfilled |
| 12 | 称心 | chènxīn | 形 | satisfactory |
| 13 | 争气 | zhēng qì | 离 | make a good showing |
| 14 | 钦佩 | qīnpèi | 动 | admire |
| 15 | 辛酸 | xīnsuān | 形 | bitter, painful |
| 16 | 一刹那 | yíchànà | 名 | instant |
| 17 | 脆弱 | cuìruò | 形 | frail, weak |

### 注释

① 考研 kǎo yán

报考硕士学位研究生。

## 预 听

### 一 听录音（03-2），跟读生词，注意发音准确

### 二 完成下列词语搭配

1. 确切的 ________　　2. 确切地 ________　　3. ________梦想

4. 脆弱的 ________

### 三 用下列词语造句

1. 梦寐以求：________________________________

2. 如愿以偿：________________________________

3. 钦佩：________________________________

4. 屈服：________________________________

### 四 说说在怎样的情况下有下列心情

烦恼　孤独　寂寞　苦恼　困惑　绝望　委屈　辛酸

### 五 根据生词和练习题，猜测课文主要内容

## 精 听

03-4

课文 03-3

### 一 听全文录音（03-3），选择正确答案

1. A. 北京　　B. 火车站　　C. 男的的家乡

2. A. 外地人　　B. 外国人　　C. 北京人

3. A. 梦寐以求的城市　　B. 可以体现自己价值和潜力的城市

C. 生活很不方便的城市

4. A. 孤独和寂寞　　B. 困惑和绝望　　C. 坚强和乐观

5. A. 北京是一个梦寐以求的地方

B. 成功属于勇敢者

C. 外地人在北京打工会觉得孤独、寂寞

## 二　听全文录音（03-3），回答下列问题

1. 男的这两年在做什么？

2. 当男的走出火车站时，他有什么感觉？

3. 女的她朋友告诉她什么事情？

4. 在北京，男的有什么不适？

5. 男的在北京有过什么样的心情？

6. 男的现在在北京生活得怎么样？

7. 听了男的的话，女的有什么感受？

## 三　听全文录音（03-3），判断下列句子是否正确，并说明原因

1. 外地人认为，北京是个梦寐以求的地方。　（　　）

2. 男的认为在北京的外地人很少。　（　　）

3. 只有 30% 的北京人在公司工作。　（　　）

4. 外地人在北京生活有很多不习惯的地方。　（　　）

5. 男的在北京曾经屈服过。　（　　）

6. 在北京的生活让男的变得坚强和乐观。　（　　）

## 四 听句子，复述

## 五 听录音，填空

女：在北京打工有没有觉得________和________的时候？

男：当然有。在北京，我一边考研，一边打工。在这期间，我也________过、________过、________过，但我从来没有________过。没钱了，一天就吃一顿饭。终于，我________，以优秀的成绩考研成功，同时，也找到了几份________的工作。这两年的生活经历让我变得更________、更________。

女：你真________！我很________你。

男：但这里面包含了多少________与________呐。

女：跟你说实话，这________，我突然感到自己的________和同你们的________。成功可能真的属于你们这些勇敢者，而不是浪费生命的人。

# 发 展

## 一 根据课文内容，介绍男的在北京的生活

## 二 介绍你刚到一个陌生城市时的感受

# （二）

## 词语表 03-5

| | | | | |
|---|---|---|---|---|
| 1 | 开销 | kāixiāo | 名 | expense |
| 2 | 赏识 | shǎngshí | 动 | appreciate |
| 3 | 可观 | kěguān | 形 | considerable, impressive |
| 4 | 加班 | jiā bān | 离 | work overtime |
| 5 | 凌晨 | língchén | 名 | before dawn |
| 6 | 户口 | hùkǒu | 名 | registered residence |

## 注释

① 经济适用房 jīngjì shìyòng fáng

中国国内具有社会保障性质的住房，以较低的价格向城镇的中低收入家庭出售。

② 商品房 shāngpǐn fáng

由房地产开发企业投资开发的各类房屋，建成后完全按市场价格销售或出租。

## 预 听

### 一 听录音（03-5），跟读生词，注意发音准确

### 二 完成下列词语搭配

1. 一笔 ________　　2. ________ 可观　　3. ________ 赏识

### 三 根据生词和练习题，猜测课文主要内容

## 精 听 03-7

课文 03-6

### 一 听全文录音（03-6），选择正确答案

1. A. 租房　　B. 买商品房　　C. 买经济适用房
2. A. 外地人比北京人多花 5 万～10 万元
   B. 外地人比北京人少花 5 万～10 万元
   C. 外地人跟北京人花的钱一样多
3. A. 700 元　　B. 2000 元　　C. 七八百元
4. A. 户口　　B. 自己是否适合待在北京　　C. 生活质量
5. A. 遍地是钱　　B. 发展机会比别的地方多　　C. 城市界限淡化

### 二 听全文录音（03-6），回答下列问题

1. 外地人在北京什么开销比较大？
2. 外地人在北京不能买经济适用房的规定，对外地人来说有哪些不利？
3. 在北京租房有什么问题？
4. 那个外地小伙子每天怎样上班？
5. 对在北京的外地人来说，什么重要？什么不重要？
6. 北京有什么独特的魅力？
7. 为什么很多人不顾没有户口的不便而选择留在北京？

### 三 听录音，填空

有一位外地小伙子在北京一家影视公司上班，很得老板的________，收入

________，月薪近________元，然而他在北城区租的一间60平方米的小屋每月就要________元，而他说这还算便宜的。每天早上，他先乘公交车再倒地铁去上班，有时夜里________到凌晨还得坐出租车回家，一个月交通费就花掉________元。在网络连接世界的今天，城市界限________淡化，对于在北京发展的外地人而言，________已经不再重要，重要的是自己是否适合待在北京。现代人注重生活的质量，也更看重发展的________。北京虽然不是________是钱，但发展机会要比别的地方多得多，只要有本事就能________一条路。在这一点上，北京________出它独特的________。因而尽管一开始就知道自己将要面对没有户口带来的种种不便，但为了________自己的目标和价值，越来越多的人还是________地选择了北京。

## 四 听录音，简短概括你听到的内容

录音1：课文（03-6）第一段

录音2：课文（03-6）第二段

# 发 展

## 一 根据课文内容，介绍外地人选择在北京发展的原因

## 二 根据课文内容，介绍外地人在北京生活面对的问题

# 泛听部分

## (一)

### 词语表 03-8

| | | | | |
|---|---|---|---|---|
| 1 | 夹层 | jiācéng | 名 | interlayer |
| 2 | 诱惑 | yòuhuò | 动 | tempt |
| 3 | 体力 | tǐlì | 名 | physical strength |

## 练习

课文 03-9

**听全文录音(03-9),回答下列问题**

1. 男的为什么跟女的说话?

2. 钱包里有什么?

3. 男的不敢做什么?为什么?

4. 男的为什么说"对不起"?

5. 女的为什么说"请原谅"?

# （二）

## 词语表 03-10

| | | | | |
|---|---|---|---|---|
| 1 | 立足 | lìzú | 动 | gain a foothold |
| 2 | 保姆 | bǎomǔ | 名 | dry nurse, baby sitter |
| 3 | 精英 | jīngyīng | 名 | elite |
| 4 | 垄断 | lǒngduàn | 动 | monopolize |
| 5 | 扰乱 | rǎoluàn | 动 | disturb |

## 练习

课文 03-11

**听全文录音（03-11），判断下列句子是否正确**

1. 外地人大量进入北京工作是最近几年的事。（　　）
2. 北京人不愿当家庭保姆和建筑工人。（　　）
3. 外地人在北京只能做体力劳动。（　　）
4. 如果没有外地人，北京人的生活会遇到很大的困难。（　　）
5. 外地人帮助北京变成了现代化的城市。（　　）

# 4 Lesson 4 不要指望孩子成天才

04

## 训练重点

- **精听第一部分** 掌握通过听提问概括回答者观点的方法，准确理解大夫所说的女的不用担心的原因、创造宽松自然氛围的方法及传统教育观念的问题所在。
- **精听第二部分** 掌握跳越生词障碍的方法，理解父母忽视的问题、少年大学生的问题，并总结这段话的主旨。

## 重点句型和词语

04-1

1. 本来……，……反倒……
   běnlái……，……fǎndào……
   本来不成问题的事，家长一紧张，反倒成了问题。

2. 至于
   zhìyú
   至于克服困难的毅力和不怕失败的勇气则更不多见。

3. 否则
   fǒuzé
   父母要善于观察，理解自己孩子的素质特点，因势利导，扬长避短，才能事半功倍，否则就是拔苗助长，有害无益。

4. 把……强加于……
   bǎ……qiángjiā yú……
   把自己的愿望、理想强加于孩子，是对孩子的不尊重。

5. ……并非……也不是……而是……
   ……bìngfēi……yě bú shì……ér shì……
   真正能够用来与他人竞争的并非学历，也不是专业知识，而是个人的教养、气质与创造开拓能力。

# 精听部分

## （一）

### 词语表 04-2

| | | | | |
|---|---|---|---|---|
| 1 | 反倒 | fǎndào | 副 | quite the reverse |
| 2 | 约束 | yuēshù | 动 | restrain |
| 3 | 暗示 | ànshì | 动 | hint |
| 4 | 勉励 | miǎnlì | 动 | encourage |
| 5 | 口气 | kǒuqì | 名 | tone (of voice) |
| 6 | 指望 | zhǐwang | 动 | count on |
| 7 | 天才 | tiāncái | 名 | genius |
| 8 | 素质 | sùzhì | 名 | quality |
| 9 | 内在 | nèizài | 形 | intrinsic |
| 10 | 实践 | shíjiàn | 动 | practise |
| 11 | 以往 | yǐwǎng | 名 | past |
| 12 | 胆量 | dǎnliàng | 名 | courage |
| 13 | 干预 | gānyù | 动 | intervene |

### 预　听

**一　听录音（04-2），跟读生词，注意发音准确**

**二　完成下列词语搭配**

1. ________约束　　2. 内在 ________　　3. 素质 ________

## 三 用下列词语造句

1. 指望：________________

2. 反倒：________________

3. 以往：________________

4. 勉励：________________

## 四 根据生词和练习题，猜测课文主要内容

## 精听 04-4

课文 04-3

## 一 听全文录音（04-3），选择正确答案

1. A. 有了孩子以后　B. 发现孩子发育不如别人时
   C. 拿女儿和别的孩子比时

2. A. 父母的约束　B. 宽松的氛围　C. 家庭气氛紧张

3. A. 态度温和亲切　B. 用命令性的语言　C. 把自己的意志强加于孩子

4. A. 管孩子　B. 给孩子创造机会　C. 让孩子自己实践

5. A. 观察周围的孩子　B. 让孩子自己实践、主动探索
   C. 父母干预孩子

## 二 听全文录音（04-3），回答下列问题

1. 女的有孩子以后出现了什么变化？

2. 女的为什么要拿女儿和别的孩子比？

3. 她的女儿有哪些地方不如人？

4. 为什么说只要在范围之内，孩子发育早点儿、晚点儿都不是问题？

5. 父母应该给孩子什么样的成长氛围？应该怎样做？

6. 人的发展是一个什么样的过程？

7. 孩子从小在父母的“管护”下长大，会有一些什么特点？

## 三 听全文录音（04-3），判断下列句子是否正确，并说明原因

1. 孩子发育只要在范围之内，早点儿、晚点儿没关系。（ ）
2. 宽松自然的氛围对孩子的心理和情绪有重要影响。（ ）
3. 人的发展是“内在目的的追求”。（ ）
4. 父母对孩子应该多用命令性的语言，少用勉励、暗示的口气。（ ）
5. 应该让孩子按照父母的意志发展。（ ）
6. 要想培养孩子的创造力，就应该少干预他们。（ ）

## 四 听句子，复述

## 五 听录音，填空

1. 这实在没有________。实际上孩子________有一定的规律和范围标准，孩子也是会有明显的________差异的。只要在范围之内，早点儿、晚点儿都不是问题。________不成问题的事，家长一紧张，________成了问题。宽松自然的________对孩子的心理、________有重要影响。孩子就怕大人太多的________，父母和家庭气氛紧张还会让婴儿________。

2. 宽松自然表现为父母对孩子不________、不________，和孩子说话________亲切；多用________、商量、________的口气，少用命令性的语言；不要总是指望孩子成为天才。要知道，人的发展相当程度是________自然成熟的过程。对于这种________的“内在目的的追求”，________的环境和教育的作用主要是创造条件，促其发展。成人尤其不能把自己的意志________孩子。

3. 在________的传统观念中，教育简单地说，就是一个“________”字。孩子从小在父母的“管护”下长大。我们可以________一下周围的一些孩子：听话，像个________；________强，创造性差；________较小，适应能力、动手能力差，________克服困难的________和不怕失败的________则更不多见。

## 发 展

**根据课文内容，说说你觉得应该怎样培养孩子**

# （二）

## 词语表 04-5

| | | | | |
|---|---|---|---|---|
| 1 | 潜在 | qiánzài | 形 | potential |
| 2 | 因势利导 | yīn shì lì dǎo | | adroitly guide action according to circumstances |
| 3 | 扬长避短 | yáng cháng bì duǎn | | foster strengths and circumvent weaknesses |
| 4 | 承受 | chéngshòu | 动 | endure |
| 5 | 并非 | bìngfēi | 副 | really not |
| 6 | 教养 | jiàoyǎng | 名 | upbringing, breeding |

## 注释

① 少年大学生 shàonián dàxuéshēng

由于智力超过常人，远未达到大学入学年龄便提前进入大学学习的学生。

② 滑坡 huápō

比喻下降，走下坡路。

## 预　听

### 一　听录音（04-5），跟读生词，注意发音准确

### 二　完成下列词语搭配

1. 潜在的 ________　　2. 承受 ________　　3. ________教养

### 三　用下列词语造句

1. 并非：________________________________

2. 因势利导：________________________________

3. 扬长避短：________________________________

### 四　根据生词和练习题，猜测课文主要内容

## 精　听

04-7

课文 04-6

### 一　听全文录音（04-6），选择正确答案

1. A. 智力投资　　B. 让孩子学外语　　C. 让孩子学画画儿

2. A. 因势利导　　B. 事半功倍　　C. 拔苗助长

3. A. 大学生的智力、中学生的性格、小学生的脾气

B. 大学生的脾气、中学生的智力、小学生的性格

C. 大学生的智力、中学生的脾气、小学生的性格

4. A. 少年大学生　　B. 3 岁以下的孩子　　C. 小学生

5. A. 学历　　B. 专业知识

C. 个人的教养、气质与创造开拓能力

## 二　听全文录音（04-6），回答下列问题

1. 有些父母忽视了什么问题？

2. 父母培养孩子时怎样才能做到事半功倍？

3. 少年大学生存在什么问题？

4. 为什么 3 岁以下的孩子不宜进行竞争性强的活动？

5. 说话人认为父母应该注重在哪些方面培养孩子？

## 三　听全文录音（04-6），判断下列句子是否正确，并说明原因

1. 很多父母让孩子学外语、练乐器是为了让孩子出人头地。（　　）

2. 兴趣是孩子学习的动力。（　　）

3. 父母把自己的理想和愿望强加给孩子是对孩子的尊重。（　　）

4. 少年大学生各方面都很优秀。（　　）

5. 孩子今后要靠教养、气质和创造开拓能力与他人竞争。（　　）

## 四 听句子，复述

## 发 展

根据课文内容，说说父母在培养孩子时应注意哪些问题

# 泛听部分

## （一）

### 词语表 04-8

| | | | | |
|---|---|---|---|---|
| 1 | 灵感 | línggǎn | 名 | inspiration |
| 2 | 拗口 | àokǒu | 形 | awkward-sounding |
| 3 | 江郎才尽 | jiānglánɡ cái jìn | | at one's wit's end |
| 4 | 如花似玉 | rú huā sì yù | | as pretty as a flower and jade |
| 5 | 入狱 | rù yù | 离 | be put in prison |

## 练 习

课文 04-9

听全文录音（04-9），回答下列问题

1. 这两个人是什么关系？

2. 他们为什么着急？

3. 男的都看了哪些书？

4. 女的觉得起名字的原则是什么？

5. 女的起了几个名字？男的是否同意？为什么？

## （二）

### 词语表 04-10

| | | | | |
|---|---|---|---|---|
| 1 | 刚毅 | gāngyì | 形 | resolute, steadfast |
| 2 | 缩减 | suōjiǎn | 动 | reduce, cut short |
| 3 | 沮丧 | jǔsàng | 形 | dispirited |
| 4 | 隐私 | yǐnsī | 名 | privacy |
| 5 | 敬而远之 | jìng ér yuǎn zhī | | stay at a respectful distance from (sb.) |

### 练　习

课文 04-11

**听全文录音**（04-11），**回答下列问题**

1. 父爱对孩子的心理有哪些影响？

2. 在教育孩子时父亲和母亲有什么不同？

3. 从小受父亲影响的孩子有什么样的特点？

4. 这篇文章的主要意思是什么？

5

# Lesson 5
# 当你面对婚前财产公证

05

## 训练重点

- 掌握听采访的方法：听提问，听回答。
- 准确理解记者提出的三个重要问题及女的的回答，准确把握女的阐述观点的层次。

## 重点句型和词语

05-1

| | |
|---|---|
| 1. 既然<br>jìrán | 既然生活在一起，财产当然也要共用。 |
| 2. 何必……呢？<br>hébì……ne? | 何必分得那么清楚呢？ |
| 3. ……又有何不可呢？<br>……yòu yǒu hé bùkě ne? | 那么在财产方面要求独立又有何不可呢？ |
| 4. 在一定程度上<br>zài yídìng chéngdù shang | 而婚前进行财产公证，可以在一定程度上避免那种以金钱、财产为目的的婚姻。 |
| 5. 毕竟<br>bìjìng | 毕竟“傍大款”的现象在庞大的结婚队伍里仅仅是个别的。 |
| 6. 取决于<br>qǔjué yú | 婚姻关系的维系主要取决于双方是否相爱。 |
| 7. 一旦……就……<br>yídàn……jiù…… | 一旦这种对对方的爱不存在了，那婚姻也就该结束了。 |

# 精听部分

## 词语表 05-2

| | | | | |
|---|---|---|---|---|
| 1 | 公证 | gōngzhèng | 动 | notarize |
| 2 | 反感 | fǎngǎn | 形 | averse |
| 3 | 追求 | zhuīqiú | 动 | pursue |
| 4 | 人格 | réngé | 名 | human dignity |
| 5 | 富翁 | fùwēng | 名 | rich person |
| 6 | 金钱 | jīnqián | 名 | money |
| 7 | 庞大 | pángdà | 形 | enormous |
| 8 | 倒退 | dàotuì | 动 | retrogress, fall back |
| 9 | 理性 | lǐxìng | 形 | reasonable, rational |
| 10 | 法制 | fǎzhì | 名 | legality |
| 11 | 支柱 | zhīzhù | 名 | pillar, backbone |
| 12 | 抵御 | dǐyù | 动 | withstand |
| 13 | 冲击 | chōngjī | 动 | challenge |
| 14 | 纠纷 | jiūfēn | 名 | dispute |
| 15 | 一致 | yízhì | 形 | in agreement |
| 16 | 维系 | wéixì | 动 | hold together |
| 17 | 取决于 | qǔjué yú | | depend on, hinge on |
| 18 | 解体 | jiětǐ | 动 | dismantle, split up |
| 19 | 名正言顺 | míng zhèng yán shùn | | fit and proper |
| 20 | 猜疑 | cāiyí | 动 | be suspicious |

# 注释

① 傍大款 bàng dàkuǎn

崇拜、追随并依赖有钱人的行为。含贬义。

## 预 听

05-3

### 一 听录音（05-2），跟读生词，注意发音准确

### 二 完成下列词语搭配

1. 追求________　　2. 庞大的________　　3. ________支柱

4. 抵御________　　5. ________纠纷　　6. ________解体

### 三 用下列词语造句

1. 名正言顺：________________________________

2. 反感：________________________________

3. 取决于：________________________________

4. 一致：________________________________

### 四 听录音，填空

1. 对________尊严的法律保护越来越受到重视。

2. 老年用品需求市场日渐________。

3. 大家________认为，山美、水美的地方，人肯定美。

4. 实际上有约超过一半的人对养宠物这一行为表示________。

5. 我们要使高科技产业尽快成为首都经济的________。

6. 有迹象表明，良好的营养状况可以提高机体________这种疾病的能力。

7. 你们公司已经正式注册了，可以________地做广告宣传了。

8. 美国 IT 产业________着传统大学教育。

9. 国产手机在与国外手机的竞争中能否取胜，________产品的质量和创意。

10. 大宇集团已于去年 11 月宣布________。

11. 谎言一旦成了家常便饭，那么即使是善意的小谎也会助长________和不信任的气氛。

12. 绝大多数青年都能自觉培养起科学的、________的生活态度和方式。

13. 在购房过程中，由于房屋面积而引起的________不少。

14. 在北京的彩票市场中，________问题一直颇受彩民关注。

## 五　听句子，选择能准确表达所听内容的答案

1. A. 因为两个人生活在一起，所以财产应该共用，但是也应该分清楚

   B. 因为两个人生活在一起，所以财产应该共用，不用分清楚

   C. 如果两个人想生活在一起，他们的财产应该共用，不用分清楚

2. A. 现代人不可以要求财产的独立

   B. 现代人不可以要求人格的平等和独立

   C. 现代人可以要求财产的独立

3. A. 办理婚前财产公证不能完全避免以金钱和财产为目的的婚姻

   B. 办理婚前财产公证可以完全避免以金钱和财产为目的的婚姻

   C. 办理婚前财产公证不能避免以金钱和财产为目的的婚姻

4. A. 婚姻关系中最重要的是双方是否相爱，如果不要这种对对方的爱，人们就该离婚了

   B. 婚姻关系中最重要的是双方是否相爱，万一没有这种对对方的爱，人们就该离婚了

   C. 婚姻关系中最重要的是双方是否相爱，如果这种对对方的爱消失了，人们就该离婚了

## 六 根据生词和练习题，猜测课文主要内容

## 精听 05-5

课文 05-4

## 一 听全文录音（05-4），选择正确答案

1. A. 因为他要恭喜女的结婚　B. 因为他想认识女的　C. 因为他想采访女的
2. A. 她刚刚举行婚礼　B. 她在结婚前办理了婚前财产公证
   C. 她是《生活日报》的记者
3. A. 因为婚前财产公证是对婚姻、家庭的一种保护措施
   B. 因为她想追求财产的独立
   C. 因为她想避免以金钱为目的的婚姻
4. A. 用理性的态度　B. 认定婚前财产公证会影响婚后的感情
   C. 认定婚前财产公证与婚姻有必然的联系
5. A. 恋人之间可以名正言顺地办理婚前财产公证
   B. 可以用法律手段规定必须办理婚前财产公证
   C. 恋人之间不应该互相猜疑

## 二 听全文录音（05-4），回答下列问题

1. 在这段对话中，男的主要问了女的哪三个问题？
2. 为什么有人对办理婚前财产公证很反感？对他们的看法，女的有什么意见？
3. 女的为什么说办理婚前财产公证是对婚姻、家庭的一种保护措施？
4. 为什么有人认为办理婚前财产公证是一种倒退？

5. 女的认为办理婚前财产公证可以避免哪些情况？

6. 为什么女的说离婚和办理婚前财产公证之间没有必然的联系？

7. 女的认为应该如何正确对待婚前财产公证？

## 三 听全文录音（05-4），判断下列句子是否正确，并说明原因

1. 现代人都追求人格和财产的平等与独立。 （ ）
2. 在庞大的结婚队伍里，"傍大款"的现象很普遍。 （ ）
3. 女的认为办理婚前财产公证说明人与人之间是一种金钱关系。 （ ）
4. 很多人离婚时因为财产问题不能好离好散。 （ ）
5. 据报道，中国的离婚案每年增长 9.08%。 （ ）
6. 是女的先提出要办理婚前财产公证的。 （ ）
7. 很多人认为婚姻幸福与否与办理婚前财产公证有着必然的关系。 （ ）
8. 女的认为办理婚前财产公证不会影响婚姻质量。 （ ）
9. 传统观念认为办理婚前财产公证可以减少很多纠纷。 （ ）
10. 法律规定结婚前必须进行婚前财产公证。 （ ）

## 四 听句子，复述

## 五 听录音，填空

女：我认为这种想法太________了。其实婚前财产公证是对婚姻家庭的一种保护________。当感情不复存在的时候，婚前财产公证是最________的法律证明。现代人都在追求________的平等和独立，那么在财产方面要求独立又有何不可呢？随着社会的发展和人们生活水平的提高，现在________也不少见，有一些人就是看上了对方的钱才会结婚的，而婚前进行财产公证，

可以在一定程度上________那种以________、财产为目的的婚姻。

男：可是，________“傍大款”的现象在________的结婚队伍里仅仅是个别的。有人认为如果大家都去作什么婚前财产公证，那人与人之间不就全都是金钱关系了吗？他们认为这是一种________。

女：我是这样认为的：现代家庭应该更加________、法制化，婚前财产公证和真诚相爱一样是婚姻关系的________。当今社会是一个快速发展、不断变化的社会，谁也不能对自己的未来作出准确的________，谁也不能保证自己的婚姻可以完全________住外界的________。现代社会对离婚的认识越来越________了，但由于财产________等问题，“好离好散”多不能________。近几年咱们国家的离婚案每年以9.08％的速度________，而离婚时大部分都________财产纠纷。何必呢？________婚前作了财产公证，这些都是可以避免的。

## 发展

### 一 总结传统观念对婚前财产公证的看法

### 二 总结女的办理婚前财产公证的原因

### 三 讨论

你结婚时会办理婚前财产公证吗？为什么？

# 泛听部分

## （一）

### 词语表 05-6

| | | | | |
|---|---|---|---|---|
| 1 | 施肥 | shī féi | 离 | apply fertilizer |
| 2 | 磨合 | móhé | 动 | wear in, break in |
| 3 | 拆 | chāi | 动 | dismantle, take apart |
| 4 | 塌 | tā | 动 | collapse |

练习

课文 05-7

**听全文录音（05-7），回答下列问题**

1. 女的是一个什么样的人？

2. 男的和女的在讨论什么问题？

3. 女的觉得婚姻像什么？为什么？

## （二）

### 词语表 05-8

| | | | | |
|---|---|---|---|---|
| 1 | 内向 | nèixiàng | 形 | introverted |

| | | | | |
|---|---|---|---|---|
| 2 | 内秀 | nèixiù | 形 | intelligent without seeming so |
| 3 | 外向 | wàixiàng | 形 | extroverted |
| 4 | 大大咧咧 | dàdaliēliē | 形 | open and casual |

## 练　习

05-10

课文 05-9

### 听全文录音（05-9），选择正确答案

1. A. 同事　　B. 夫妻　　C. 朋友
2. A. 小吴　　B. 小岳　　C. 妻子
3. A. 情人节时小吴送给她一枝玫瑰花
   B. 小吴出差回来带给她一箱子勿忘我花
   C. 她演出时一个日本人送给她一束花
4. A. 一个日本人　　B. 小吴的朋友　　C. 小吴
5. A. 小吴经常给小岳送花
   B. 小岳和小吴经常开玩笑
   C. 小吴常做一些很浪漫的事

# 单元测试一（1~5课）  Test 01

总分 100 分　成绩：________

## 一 听句子，选择正确答案（共 30 分，每题 3 分）

1. A.“我”打开了很多扇窗户
   B.“我”看到了很多美丽的景色
   C.“我”看到了很多人的内心世界

2. A. 虽然两个人生活在一起，但是财产要分清楚
   B. 既然两个人相爱，就应该生活在一起
   C. 因为两个人生活在一起，所以财产不用分清楚

3. A. 对婚前财产公证要有一个正确的认识
   B. 婚前财产公证会影响婚后感情，并导致离婚
   C. 婚前财产公证不会影响婚后感情

4. A. 发送短信息比打电话更方便快捷
   B. 打电话比发送短信息更方便快捷
   C. 打电话和发送短信息都很方便快捷

5. A. 学历　　B. 专业知识
   C. 个人的教养、气质与创造开拓能力

6. A. 因势利导，扬长避短　　B. 事半功倍　　C. 拔苗助长，有害无益

7. A. 你应该再随便一点儿　　B. 你不能和朋友们太随便
   C. 你不能和客人太随便

8. A. 这个学生能说会做　　B. 这个学生只说不做
   C. 这个学生不会说也不会做

9. A. 他开的玩笑很有意思　　B. 他开的玩笑没意思
C. 他开的玩笑有点儿过分

10. A. 我不想回国了　　B. 时间过得真快　　C. 我想一年后回国

## 二　听录音，填空（共30分，每题3分）

1. 我们的学生在学校的时候需要________________、有趣的活动、善意的沟通和________________。

2. 它不只________________，也正在一步步地将我们自己逼向失望和疲惫的境地。

3. 毕竟“傍大款”的现象________________仅仅是个别的。

4. 谁也不能保证自己的婚姻________________。

5. 自从进入21世纪，用手机________________已经成为一种文化时尚。

6. 有一些被广为传送的短信息，说轻点儿，是句玩笑话；说重点儿，它不仅是一种骚扰，而且________________。

7. 北京是一座充满希望和梦想的城市，是一个可以________________。

8. 对外地人来说，房租和交通是________________。

9. 对于这种与生俱来的“内在目的的追求”，________________主要是创造条件，促其发展。

10. 孩子是有潜在的能力，但________________，兴趣是学习的动力。

## 三　听录音，选择正确答案（共40分，每题4分）

1. A. 因为人数多得不得了
B. 因为人才流动很厉害
C. 因为其中有很多外地人没有办理用工手续

2. A. 是一个股市　　B. 是一个高科技园区　　C. 是一个企业

3. A. 每天演节目　　B. 工资高、压力大　　C. 有时孤独寂寞

4. A. 家长　　B. 教师　　C. 学生

5. A. 新学期刚开始　　B. 暑假期间　　C. 寒假期间

6. A. 因为他们不喜欢上课
B. 因为他们假期没有休息好
C. 因为他们想去上辅导班

7. A. 认为他们这样做是望子成龙
B. 认为他们这样做是忽视孩子的身心健康
C. 认为他们这样做有一定的道理，可以理解

8. A. 小学生　　B. 饭店服务员　　C. 居家太太

9. A. 因为家里经济有困难
B. 因为得帮父母照看弟弟妹妹
C. 因为要来北京打工

10. A. 为了辅导孩子　　B. 为了提高自己的素质　　C. 为了找一个好工作

# 6 Lesson 6 让老人住养老院就是不孝吗 06

## 训练重点

- 掌握听座谈讨论的方法：抓住主要议题，掌握每个人的主要观点；掌握讨论时阐述问题的层次：论点——论据——结论。
- 理解每位嘉宾的观点及理由。

## 重点句型和词语 06-1

| | |
|---|---|
| 1. 即使……也……<br>jíshǐ……yě…… | 即使有安定的物质生活，老人也难免会感到孤独和失落。 |
| 2. 视……而定<br>shì……ér dìng | 老人怎么过要视具体情况而定。 |
| 3. 与其……不如……<br>yǔqí……bùrú…… | 与其让老人待在家中孤单寂寞，不如把老人送进养老院。 |
| 4. 话又说回来<br>huà yòu shuō huilai | 但话又说回来，现在社会整体福利保险事业在体制方面还不够健全，各家各户家庭收入又千差万别。 |

## 精听部分

### 词语表 06-2

| | | | | |
|---|---|---|---|---|
| 1 | 日趋 | rìqū | 副 | with each passing day |
| 2 | 孝顺 | xiàoshùn | 动 | show filial piety |
| 3 | 回避 | huíbì | 动 | dodge, evade |
| 4 | 力不从心 | lì bù cóng xīn | | ability falling short of one's wishes |
| 5 | 难免 | nánmiǎn | 形 | hard to avoid |
| 6 | 失落 | shīluò | 形 | feeling abandoned and alone |
| 7 | 实质 | shízhì | 名 | substance, essence |
| 8 | 一概而论 | yígài ér lùn | | lump together |
| 9 | 前提 | qiántí | 名 | premise |
| 10 | 开朗 | kāilǎng | 形 | cheerful |
| 11 | 长寿 | chángshòu | 形 | longevous |
| 12 | 应运而生 | yìng yùn ér shēng | | emerge as circumstances require |
| 13 | 繁荣 | fánróng | 形 | prosperous |
| 14 | 医疗 | yīliáo | 动 | medical treatment |
| 15 | 设施 | shèshī | 名 | equipment |
| 16 | 理智 | lǐzhì | 形 | reasonable |
| 17 | 福利 | fúlì | 名 | welfare |
| 18 | 健全 | jiànquán | 形 | perfect, ideal |
| 19 | 千差万别 | qiān chā wàn bié | | extremely different |
| 20 | 千篇一律 | qiān piān yí lǜ | | follow the same pattern |
| 21 | 自理 | zìlǐ | 动 | take care of oneself |
| 22 | 人缘 | rényuán | 名 | relationship with others, popularity |

## 注释

① 下馆子 xià guǎnzi

到饭馆吃饭。口语。

② 硬件 yìngjiàn

借指生产、经营、科研等过程中的资金、机器设备、物质材料等。

③ 软件 ruǎnjiàn

借指人员素质、管理水平、服务质量等。

## 预 听

06-3

### 一 听录音（06-2），跟读生词，注意发音准确

### 二 完成下列词语搭配

1. 孝顺________ 2. 回避________ 3. ________开朗

4. ________失落 5. ________繁荣 6. ________设施

7. ________健全

### 三 用下列词语造句

1. 难免：________________________________

2. 日趋：________________________________

3. 一概而论：________________________________

4. 应运而生：________________________________

5. 前提：________________________________

### 四 听录音，填空

1. 每个人都希望能有健康平安的一生，但意外总是________的。

2. 专家指出，年轻人睡眠问题__________严重。

3. 希望北京不断向全国和全世界人民展现经济__________、管理先进、环境优美、社会安定的新风貌。

4. 我们不妨看一下这个结论的__________条件。

5. 我每拍完一部电影都会感到很__________，因为总是有很多精彩的想法不能在电影中实现。

6. 目前各学校的体育__________超过全市总量的 60%。

7. 尽快建立__________社会保障体系，涉及每个人的幸福、每个家庭的稳定。

8. 这些模特的照片，看似__________，其实张张都有不同之处。

9. 他是一个活泼__________的乐天派，浑身充满了青春气息。

10. 幸福对我而言就是妻子的贤淑、温柔，孩子的__________、体贴。

11. 民政部启动了“星光计划”，三年之内将有 100 亿元用于建设老年__________设施。

12. WTO 的__________无非是要求参与各方适应一套建立在市场经济体制基础上的规则。

13. 人们总是自觉不自觉地__________许多关于悲伤、失意的记忆。

14. 保险和担保哪个更合算，不能__________。

15. 在这种压力下，他实在是感到有些__________。

16. 对于一直寻求__________秘诀的人类来说，还有一个更好的消息。

17. 越来越多的大学毕业生找工作时把__________利益放在第一位。

## 五 听句子，选择能准确表达所听内容的答案

1. A. 送老人进养老院就是让老人吃苦

   B. 送老人进养老院说明子女不孝顺

   C. 送老人进养老院不代表老人要吃苦头和子女不孝顺

2. A. 物质生活没有困难，老人也可能会感到孤独和失落

B. 因为物质生活很安定，老人才会感到孤独和失落

C. 因为物质生活不安定，老人才会感到孤独和失落

3. A. 即使家中不能照顾好老人，也最好让老人待在家中

B. 如果家中不能照顾好老人，最好送老人去养老院

C. 让老人待在家中和去养老院都不是好办法

4. A. 在这种情况下，入住养老院就是不孝顺

B. 在这种情况下，入住养老院就是非常孝顺

C. 在这种情况下，入住养老院无所谓孝顺不孝顺

## 六 根据生词和练习题，猜测课文主要内容

## 精听 06-5

课文 06-4

## 一 听全文录音（06-4），选择正确答案

1. A. 是否让老人住养老院　　B. 人口老龄化　　C. 现代人生存压力大

2. A. 看子女是否让老人住养老院

B. 看子女是否让老人待在家里

C. 看子女是否对老人真正爱护

3. A. 在体制方面还不够健全

B. 各家各户家庭收入差别很大

C. 硬件和软件都让人不满意

4. A. 社区人缘基础较好的老人

B. 不能自理而家中无力照顾的老人

C. 家中有能力雇请专职护理员的老人

## 二 分段听课文录音（06-4），回答问题

1. 听男嘉宾 1 看法后回答问题。

（1）当今社会的一个突出问题是什么？

（2）现代人的生活怎么样？

（3）家庭的哪些主营“业务”社会化了？

（4）进养老院不意味着什么？

（5）在什么情况下，安排老人住养老院是好事情？

（6）他认为老人应不应该住养老院？为什么？

2. 听女嘉宾看法后回答问题。

（1）她为什么说“孝与不孝，不在于是否让老人待在家里或者入住养老院”？

（2）应该如何安排老人的生活？

（3）如果家中不能给予老人周到的照顾，子女应该怎么办？

（4）子女怎样做是对父母最好的孝心？

3. 听男嘉宾 2 看法后回答问题。

（1）为什么说“住养老院对老人而言也不失为理智的选择”？

（2）为什么说“老人是否入住养老院，要视个人和家庭的情况而定，不应强求千篇一律”？

（3）哪些老人可以不住养老院？

## 三 听全文录音（06-4），判断下列句子是否正确，并说明原因

1. 目前，养老院之间的竞争非常激烈，他们为了钱发生了战争。 （　　）

2. 老人如何安度晚年是每个家庭都无法回避的问题。 (　　)

3. 对现代人来说，下班后再尽心照顾老小很轻松。 (　　)

4. 只有让老人住养老院才是儿女最大的孝心。 (　　)

5. 物质生活很安定，老人就不会感到孤独。 (　　)

6. 养老院是社会生产力发展的一个体现。 (　　)

7. 所有的老人都应该住养老院。 (　　)

## 四 听录音，填空

1. 人口老龄化已经是当今社会的一个________问题，老人如何安度晚年也是千千万万的家庭无法________的。现代人工作紧张，________压力大，要他们下班后再________照料老小肯定是________的。如今，吃饭可以下馆子，衣服可以送去洗衣店洗，小孩有学校照管，这一切以前都是家庭的主营“业务”，现在都已经社会化了，为什么就不能让老人上养老院呢？进养老院不________着老人就要吃苦头，也不是说子女就不________。我觉得在家里，即使有安定的________生活，老人也________会感到孤独和________。所以如果养老院的硬件和软件各方面都让人满意，安排老人住进去应该是件大好事。

2. 养老院________，是社会生产力发展、经济________进步的一个体现。在那里，老人不仅可以享受到很好的医疗保健服务，还有许多文体________可以供老人________、娱乐，而且老人们住在一起更亲近。所以，住养老院对老人而言也________理智的选择。但话又说回来，现在社会整体________保险事业在体制方面还不够________，各家各户家庭收入又千差万别，老人是否入住养老院，要视个人和家庭的情况而定，不应强求________。比如家中有能力雇请专职护理员的，老人有________生活能力的，老夫妇双双健康、可以互相照顾的，还有那些社区________基础较好的人，就不一定非让他们入住养老院不可。

## 发展

### 一 概括总结三位嘉宾的主要观点

### 二 讨论

你会不会送父母去养老院？为什么？

## 泛听部分

## （一）

### 词语表 06-6

| | | | | |
|---|---|---|---|---|
| 1 | 利索 | lìsuo | 形 | agile |
| 2 | 天伦之乐 | tiānlún zhī lè | | happiness of a family living together |
| 3 | 焕发 | huànfā | 动 | glow, irradiate |
| 4 | 温馨 | wēnxīn | 形 | warm |
| 5 | 麻将 | májiàng | 名 | mah-jong |
| 6 | 扑克 | pūkè | 名 | playing cards, poker |
| 7 | 远足 | yuǎnzú | 动 | hike |
| 8 | 琐事 | suǒshì | 名 | trifles, trivial matters |

## 练习 06-8

课文 06-7

### 听全文录音（06-7），选择正确答案

1. A. 因为他的身体不好　　B. 因为他的孩子不孝顺

   C. 因为他觉得有点儿孤独

2. A. 因为养老院冬天不冷、夏天不热

B. 因为想自己支配时间

C. 因为想参加养老院的活动

3. A. 可以请一个全能保姆　　B. 不用操心生活上的事情　　C. 可以省钱

## （二）

### 词语表　06-9

| | | | | |
|---|---|---|---|---|
| 1 | 空巢 | kōngcháo | 名 | empty nest |
| 2 | 参差不齐 | cēncī bù qí | | uneven |
| 3 | 低劣 | dīliè | 形 | inferior |
| 4 | 青睐 | qīnglài | 动 | favour |

### 练　习

课文 06-10

**听全文录音**（06-10），**回答下列问题**

1. 赵大爷为什么拒绝进养老院？

2. 许多老人为什么不愿进养老院？

3. 中国的养老机构存在哪些问题？

# Lesson 7
# 拾金不昧该不该要回报

07

## 训练重点

- 掌握听争论的方法：找到两个人意见的分歧。
- 准确理解讨论的起因、张女士和郑先生各自的主要观点及其论据，掌握两个人的分歧所在。

## 重点句型和词语

07-1

| | |
|---|---|
| 1. ……姑且不论，但……<br>……gūqiě bú lùn, dàn…… | 收多少钱、多少物姑且不论，但从社会效果来看，是大家都有好处。 |
| 2. 也就是说<br>yě jiù shì shuō | 有些人还了钱也不要回报，也就是说，你给不给回报人家都会还。 |
| 3. 即便……也……<br>jíbiàn……yě…… | 即便规定给 20% 的回报，他们捡钱以后也不会还。 |
| 4. 凭……而论<br>píng……ér lùn | 但凭你的良心而论，你把这些东西交给所有人的良心，你放心吗？ |

## 精听部分

### 词语表 07-2

| | | | | |
|---|---|---|---|---|
| 1 | 失主 | shīzhǔ | 名 | owner of lost property |
| 2 | 尽快 | jǐnkuài | 副 | as soon as possible |
| 3 | 报答 | bàodá | 动 | repay, requite |
| 4 | 回报 | huíbào | 动 | pay back |
| 5 | 姑且 | gūqiě | 副 | for the moment, tentatively |
| 6 | 赞同 | zàntóng | 动 | approve |
| 7 | 坦白 | tǎnbái | 形 | frank |
| 8 | 拾金不昧 | shí jīn bú mèi | | return money that is found |
| 9 | 美德 | měidé | 名 | virtue |
| 10 | 赞美 | zànměi | 动 | praise |
| 11 | 背叛 | bèipàn | 动 | betray |
| 12 | 终究 | zhōngjiū | 副 | in the end |
| 13 | 善良 | shànliáng | 形 | kind-hearted |
| 14 | 计较 | jìjiào | 动 | haggle over, fuss about |
| 15 | 世俗 | shìsú | 名 | customs and traditions |
| 16 | 规范 | guīfàn | 名 | standard, norm |
| 17 | 机制 | jīzhì | 名 | mechanism |
| 18 | 多此一举 | duō cǐ yì jǔ | | make an unnecessary move |
| 19 | 良心 | liángxīn | 名 | conscience |

# 注释

① 善有善报，恶有恶报 shàn yǒu shàn bào, è yǒu è bào
俗语，做好事就会有好的结果，做坏事就会有坏的结果。

## 预听 07-3

### 一 听录音（07-2），跟读生词，注意发音准确

### 二 用下列词语造句

1. 尽快：________________
2. 姑且：________________
3. 终究：________________
4. 多此一举：________________

### 三 听录音，填空

1. 物权法草案中提议，________者有权得到失物价值20%以下的报酬。
2. 政府正着手在济南市开辟中小学生公交专线，以________解决中小学生乘车难、乘车不安全的问题。
3. 人与人之间的互助可以辐射出一种人性________的温暖和光辉，感动和照亮更多人的心灵。
4. 一位高中生归还了捡到的十几万元巨款并且谢绝了________送的电脑。
5. 如果你一直不愿意变老，那你就永远不会幸福，因为你________是要变老的。
6. 陈旧的________观念着实让她感到身心疲惫。
7. 新的出租车企业经营________正在本市20家出租车企业试行。
8. 我想这也许就是对他们最好的________。

9. 球员对这次集训根本不感兴趣，甚至认为3天的集训是“________”。

10. 只要是有________的人，遇到这事儿都会管的。

11. ________地说，对这个问题我想不通。

12. 无论做人还是做事，我们自己心中都要有把尺子，也就是道德________。

## 四 听句子，选择能准确表达所听内容的答案

1. A. 只有接受回报才去救更多遇到危险的人

   B. 接受了回报的人以后一定还会救更多遇到危险的人

   C. 万一接受了回报，就去救更多遇到危险的人

2. A. 暂时不讨论收多少钱、多少物，反正对大家都有好处

   B. 不管收多少钱、多少物，对大家都有好处

   C. 一点儿钱和物都不收，才对大家有好处

3. A. 给东西好像是对这种美德的一种背叛

   B. 接受回报的行为好像是对这种美德的一种讽刺

   C. 给东西和接受回报的行为都对这种美德不尊重

4. A. 有一种人捡钱以后不要回报

   B. 有一种人捡钱以后要很高的回报

   C. 有一种人捡钱以后有没有回报都不还

5. A. 建立这样一种制度很有必要

   B. 建立这样一种制度根本没有必要

   C. 应该多建立一些这样的制度

## 五 根据生词和练习题，猜测课文主要内容

## 精听 07-5

课文 07-4

### 一 听全文录音（07-4），选择正确答案

1. A. 主持人　　B. 张女士　　C. 郑先生

2. A. 孔子认为应该收　　B. 孔子的学生接受了报答

   C. 对大家都有好处

3. A. 对他进行人格上的赞美

   B. 讽刺他缺少传统美德

   C. 给他钱或物作为回报

4. A. 对社会充满了理想

   B. 建立回报的制度

   C. 要鼓励、发挥良心善的一面

5. A. 应该规定给一定数量的回报

   B. 制定给回报的制度是多此一举

   C. 应该把有些领域交给良心

### 二 听全文录音（07-4），回答下列问题

1. 讨论的起因是什么？

2. 张女士举了一个什么例子？这个例子说明什么？

3. 孔子为什么同意学生接受回报？

4. 郑先生怎样看待“拾金不昧”？

5. 郑先生认为“善有善报，恶有恶报”的含义是什么？

6. 什么事情让主持人很感动？

7. 张女士认为怎样才能达到郑先生所说的那种社会？

8. 郑先生为什么认为建立回报制度是多此一举？

9. 张女士怎样评价郑先生的观点？

10. 郑先生希望什么？

11. 主持人对观众有什么建议？

## 三 听全文录音（07-4），判断下列句子是否正确，并说明原因

1. 任先生把手机落在了公共汽车上。（　　）
2. 拾金不昧是中国一个很古老的传统美德。（　　）
3. 古时候一头牛的价钱跟现在的出租汽车一样贵。（　　）
4. 孔子认为救人的学生应该收回报。（　　）
5. 郑先生认为，“善有善报”的意思是捡钱的人应该得到一定数量的回报。（　　）
6. 日常生活中，“善有善报”已成为一种机制。（　　）
7. 有一些人，捡到东西后，即使给他20%的回报，他也不会还给失主。（　　）
8. 郑先生认为自己是一个非常强调良心的人。（　　）
9. 主持人说“讨论告一段落”是指马上还有另一段讨论。（　　）

## 四 听录音，填空

坦白地讲，我不________张女士的观点。我觉得________是中国一个很古老的传统________。如果捡了东西还给人家，失主应该对还东西的人进行人格上的________或者是感到________。如果给东西就好像是对这种美德的一种________，而接受回报的行为也好像是对这种美德的一种________。我

们都听说过"善有善报，恶有恶报"这句话，但"善有善报"并不是说，你捡了我1000元，我就给你100元，而是说一个人在他的一生中________行善，________会有好结果。作为社会学家，我认为，我们帮别人一把，就是把________的种子种进他的心里。善有善报追求的是行善不计较________，最后形成一个美好的社会。

## 发展

一 总结张女士和郑先生的观点

二 对"拾金不昧该不该要回报"这个问题谈谈你自己的看法

## 泛听部分

### （一）

### 词语表 07-6

| | | | | |
|---|---|---|---|---|
| 1 | 安乐死 | ānlèsǐ | 动 | euthanasia |
| 2 | 癌症 | áizhèng | 名 | cancer |
| 3 | 无奈 | wúnài | 动 | have no choice but |
| 4 | 妥协 | tuǒxié | 动 | compromise |
| 5 | 神圣 | shénshèng | 形 | sacred |
| 6 | 侵犯 | qīnfàn | 动 | violate |
| 7 | 贬低 | biǎndī | 动 | belittle |

## 练习

课文 07-7

### 听全文录音（07-7），回答下列问题

1. 张先生是一个什么样的人？他对安乐死的态度是怎样的？为什么？

2. 胡女士是否同意张先生的观点？理由是什么？

3. 张先生怎样反驳胡女士？

4. 王先生同意谁的意见？他的理由是什么？

5. 王先生认为自杀有什么后果？

# （二）

## 词语表 07-8

| | | | | |
|---|---|---|---|---|
| 1 | 荣誉 | róngyù | 名 | honour, glory |
| 2 | 吞没 | tūnmò | 动 | (of floods, etc.) swallow up |
| 3 | 舆论 | yúlùn | 名 | public opinion |
| 4 | 论调 | lùndiào | 名 | view, argument |
| 5 | 衡量 | héngliáng | 动 | weigh, consider |
| 6 | 底线 | dǐxiàn | 名 | minimum, bottom line |
| 7 | 唯利是图 | wéi lì shì tú | | seek nothing but profit |

## 练 习

课文 07-9

### 听全文录音（07-9），判断下列句子是否正确

1. 去年“我”一个人在河边救起了一对母子。 （ ）
2. 长江大学有三位大学生因为救人而牺牲了。 （ ）
3. 很多人认为张华为救老农而死不值得。 （ ）
4. 现在是市场经济时代，应该用利益法则去衡量所有的事情。 （ ）
5. “无条件救人于危难”是道德的底线。 （ ）
6. 人的生命在本质上有高低贵贱之分。 （ ）
7. “我”觉得自己很伟大。 （ ）
8. 每个人在别人需要帮助时都能伸出援手，社会将变得很温暖。 （ ）

# 8 Lesson 8
# 全球爆发外语热

08

## 训练重点

- 掌握就某一问题对专家、学者进行采访的特点：记者的提问也包含重要信息；掌握总结、概括所听材料的能力。
- 理解中国兴起出国学语言热潮的外部原因和自身原因，理解两类学语言的学生各自的利与弊及其原因。

## 重点句型和词语

08-1

1. 不例外
bú lìwài

今年世界各国都掀起了一股学外语热潮。中国也不例外。

2. 既有……也有……
jì yǒu……yě yǒu……

出国学语言热潮在中国兴起并非偶然，既有外部的影响，也有自身的原因。

3. ……，此外，……，再加上……
……, cǐwài, ……, zài jiāshang……

很多世界级的跨国公司都加大了占据中国市场的力度，懂外语的人自然就成了“宝贝疙瘩”；此外，国内人民生活水平逐渐提高，再加上很多父母坚信出国学习外语要比在国内的语言环境好，极力把孩子送出国门学习语言，外语热在中国兴起也就不足为奇了。

# 精听部分

## 词语表 08-2

| | | | | |
|---|---|---|---|---|
| 1 | 热门（儿） | rèmén(r) | 名 | hot, popular |
| 2 | 火暴 | huǒbào | 形 | prosperous |
| 3 | 爆满 | bàomǎn | 动 | be filled to capacity |
| 4 | 预约 | yùyuē | 动 | make an appointment |
| 5 | 咨询 | zīxún | 动 | consult |
| 6 | 热点 | rèdiǎn | 名 | hot spot, attraction |
| 7 | 资源 | zīyuán | 名 | resources |
| 8 | 精通 | jīngtōng | 动 | be proficient in |
| 9 | 竞选 | jìngxuǎn | 动 | run for, campaign for |
| 10 | 力度 | lìdù | 名 | strength, force |
| 11 | 疙瘩 | gēda | 名 | lump |
| 12 | 坚信 | jiānxìn | 动 | firmly believe |
| 13 | 极力 | jílì | 副 | exert onself to the utmost |
| 14 | 不足为奇 | bù zú wéi qí | | no wonder |
| 15 | 利弊 | lìbì | 名 | pros and cons |
| 16 | 置身于 | zhìshēn yú | | place oneself in |
| 17 | 强制 | qiángzhì | 动 | compel |
| 18 | 攻读 | gōngdú | 动 | study hard |
| 19 | 困境 | kùnjìng | 名 | plight, difficult position |
| 20 | 具备 | jùbèi | 动 | possess, have |
| 21 | 卓越 | zhuóyuè | 形 | distinguished |
| 22 | 限于 | xiànyú | 动 | be confined to, be limited to |
| 23 | 延缓 | yánhuǎn | 动 | postpone |
| 24 | 浪潮 | làngcháo | 名 | tide, wave |

25 三思而行 sānsī ér xíng consider all possibilities before making a decision

## 注释

① 经济全球化 jīngjì quánqiúhuà

世界各国经济的相互依赖性增强的历史过程。

② 抢手货 qiǎngshǒu huò

深受欢迎、人们争相购买的货物。

③ 跨国公司 kuàguó gōngsī

在国外设立分支机构或与当地资本合股拥有企业的国际性公司。

④ 托福 Tuōfú

译自 TOEFL（Test of English as a Foreign Language），指非英语国家人员英语水平考试。

## 预 听

08-3

### 一 听录音（08-2），跟读生词，注意发音准确

### 二 完成下列词语搭配

1. 热门儿的 ________　2. 火暴的 ________　3. ________ 密切

4. ________ 资源　5. 精通 ________　6. 竞选 ________

7. 占据 ________　8. ________ 力度　9. 正规 ________

10. 攻读 ________　11. 具备 ________　12. 卓越的 ________

### 三 用下列词语造句

1. 前所未有：________________________________

2. 坚信：________________________________

3. 极力：________________________________

4. 不足为奇：________________________________

5. 关键：________________________________

6. 限于：________________________________

7. 三思而行：________________________________

## 四 听录音，填空

1. 这股风过后，出版社开始打________电视剧的主意。

2. 他们成为本市首批公开选拔出来的________英语的法官。

3. 编辑部接到大量的读者来信和________电话，询问在北京可以进行心理诊治的具体地点。

4. 谈判是在________的积极气氛中进行的。

5. 第 7 届国际汽车工业展已经持续一个星期了，展览的________程度几乎超出每个人的预料。

6. 旅游旺季普遍提前，一些城市近期已出现客房________的情况。

7. 由于前来办理登记手续的人太多，这个部门只好采取________的工作方式。

8. 这枚纪念封成为专题集邮、邮票投资者追捧的________。

9. 他是从________中走出来的百万富翁。

10. 这些琳琅满目、五花八门的军服、器械、装备让你仿佛________一片军事的天地之中。

11. 现在是太阳活动高峰期，太阳表面出现面积较大的黑子________。

12. 他宣布将________下届美国总统。

13. 电子产品的生命力能否持久，除了看产品本身是否有________的品质外，还要看与产品配套的整体服务怎么样。

14. 创业 15 载，在经历了影响集团发展的四个________时刻之后，我的心情依然不能轻松。

15. 中国选手在女子双打一项中________了头号位置。

16. 市卫生局将加大对食品卫生的检查________。

17. 他的父母就他这一个孩子，无疑他是家中的________。

18. 应该________的是，没有任何能力是绝对天生的。

19. 他对演员工作兴趣不大，倒是父母________劝他不妨一试。

20. 森林火灾与气象条件关系________。

21. 装修材料一定要到________的市场买，否则市场垮了保修难。

22. 中国实行改革开放后，全国掀起了经济迅速发展的________。

23. 我希望能够到像北大、清华这样的著名学府________，为自己充电。

24. 我国去年________戒毒22万人次。

25. 在这一时期，信息技术________，取得了辉煌的成就。

26. 学士毕业生在通过德国大学相关考核后，可以在德国大学________博士学位。

27. 你必须________在这一行业生存、发展的能力。

28. 上海航空的优惠机票暂时________上海至广州、上海至深圳、上海至重庆的航线。

29. 时光的流逝很难挽回，然而肌肤的衰老却可________。

30. 愿我们的家长在这个问题上________。

## 五 听句子，选择能准确表达所听内容的答案

1. A. 今年世界各国都掀起了一股学外语热潮，中国却没有
   B. 中国和世界各国一样都掀起了一股学外语热潮
   C. 学外语成了中国的一个大热门儿

2. A. 出国学语言热潮在中国兴起很偶然
   B. 出国学语言热潮在中国兴起主要是受外部的影响
   C. 出国学语言热潮在中国兴起有两个原因

3. A. 跨国公司用高价卖懂外语的人才

B. 跨国公司给懂外语的人才很高的工资

C. 跨国公司出高价买懂外语的人才

4. A. 外语热在中国兴起一点儿也不奇怪

B. 外语热在中国兴起特别奇怪

C. 外语热在中国兴起有一些不足

5. A. 学习儿童语言的人会遇到挑战

B. 只学习外语的人会遇到挑战

C. 会小语种的人会遇到挑战

## 六 根据生词和练习题，猜测课文主要内容

## 精听 08-5

课文 08-4

## 一 听全文录音（08-4），选择正确答案

1. A. 去国外正规大学深造

B. 参加留学考试

C. 去国外语言学校学外语

2. A. 世界经济贸易发展

B. 受到了外国的影响

C. 懂外语的人才很难得

3. A. 会置身于一个完全的外语环境中强制学习

B. 会在短期内收到不错的效果

C. 将面临巨大的挑战

4. A. 出国很困难

B. 可能无法上理想的大学

C. 不具备卓越的领导才能

5. A. 都应该先上国外语言学校

B. 选择上国外语言学校时要三思而行

C. 都应该直接上国外正规大学

## 二 听全文录音（08-4），回答下列问题

1. 中国的学外语热潮有哪些表现？

2. 记者为什么采访李校长？

3. 李校长认为中国兴起出国学语言热潮的原因有几个？分别是什么？

4. 中国兴起出国学语言热潮的外部原因是什么？

5. 精通外语的人为什么成了抢手货？

6. 前联合国秘书长为什么能在竞选中获胜？这件事说明什么？

7. 中国兴起出国学语言热潮，自身的原因有哪些？

8. 出国学语言的中国学生可以分成哪两类？

9. 单纯为学习语言而出国留学有什么利弊？

10. 为什么有些学生计划先上语言学校再转到正规大学继续深造？

11. 在美国，要想升入名牌大学需要具备什么条件？

12. 那些计划先上语言学校再转到正规大学继续深造的留学生，为什么可能无法升入名牌大学？

## 三 听全文录音（08-4），判断下列句子是否正确，并说明原因

1. 今年世界各国都掀起了一股学外语热潮。中国是一个例外。（ ）
2. 随着经济贸易全球化的发展，精通外语的人才成为各国机构和公司的“抢手货”。（ ）
3. 联合国秘书长必须精通英、法两国语言。（ ）
4. 很多中国家长坚信国内学外语的环境比国外好。（ ）
5. 去语言学校学习的孩子都对语言感兴趣。（ ）
6. 大多数语言学校不需要托福成绩。（ ）
7. 培养跨学科的人才是未来教育发展的必然趋势。（ ）
8. 就读于语言学校的留学生很容易升入当地的名牌大学。（ ）
9. 外语热还会持续几年。（ ）
10. 在选择上国外语言学校以前，学生应该先设计好自己未来的规划。（ ）

## 四 听录音，填空

校长：随着中国经济的持续发展，很多世界级的跨国公司都加大了________中国市场的________，懂外语的人自然就成了“________”。此外，国内人民生活水平________提高，再加上很多父母________出国学习外语要比在国内的语言环境好，________把孩子送出国门学习语言。外语热在中国兴起也就________了。

记者：出国学语言的中国学生，一般可分为两类，一类是________为了学习外语而出国，另外一类计划在国外学一两年语言后再考入正规学校继续________。您认为哪一种计划更好一些？

校长：它们都各有________。对第一类学生来说，出去学可以把自己________一个完全的外语环境中________学习，一般来说，短期内就可以收到不错的效果。但现今世界已进入一个高科技________发展的时代，具有跨学科、多方面才能的人越来越受到欢迎，培养________的人才已成为未来各国教育发展的必然________。而那些单纯学习外语，尤其是一些学习小语种的人将________巨大的________。

## 发 展

### 一 用自己的话简单介绍记者和李校长之间谈话的主要内容

### 二 用一句话总结中国兴起出国学语言热潮的外部原因和自身原因

### 三 讨论

两类学语言的学生各自有什么利和弊？

## 泛听部分

### （一）

#### 词语表 08-6

| | | | | |
|---|---|---|---|---|
| 1 | 途径 | tújìng | 名 | way, path |
| 2 | 填补 | tiánbǔ | 动 | fill (a vacancy, gap, etc.) |
| 3 | 空缺 | kòngquē | 名 | vacancy |

## 练习

课文 08-7

### 听全文录音（08-7），判断下列句子是否正确

1. 中国的高中毕业生不能直接进入日本的大学学习。（ ）
2. 最近日本大学的生源越来越少，需要靠留学生的生源进行补充。（ ）
3. 在中国读完大一的学生可以直接进入日本的大二学习。（ ）
4. 无论什么水平的学生都需要先进入日本的语言培训学校学习，通过之后才能进入专业课程的学习。（ ）
5. 一些日本私立大学对留学生的语言要求不太高。（ ）

# （二）

## 词语表 08-8

| | | | |
|---|---|---|---|
| 弥补 | míbǔ | 动 | make up for, offset |

## 练习

课文 08-9

### 听全文录音（08-9），回答下列问题

1. 2001 年 7 月 8 日有多少外国人参加中国汉语水平考试？
2. 外国人为什么要参加中国汉语水平考试？

3. 为什么参加中国汉语水平考试的人越来越多？

4. 目前中国有多少外国打工者？他们主要集中在哪些城市？

5. 近年来，外国打工者队伍有什么变化？

6. 外国人来中国打工对中国有什么好处？

# Lesson 9
# 殷大爷离婚

09

## 训练重点

- 掌握采访社会热点问题的模式：介绍情况，采访不同人的不同看法，总结，引起人们思考。
- 理解离婚案的情况和群众、王大妈、法官、教授的不同看法及理由，理解离婚案所包含的意义。

## 重点句型和词语

09-1

1. 谁曾想
   shuí céng xiǎng

   谁曾想，在1985年的一天，因为一句话不如意，殷大爷不再理睬王大妈。

2. 笑掉大牙
   xiào diào dàyá

   现在七八十岁的人要离婚，不被人笑掉大牙？

# 精听部分

## 词语表 09-2

| | | | | |
|---|---|---|---|---|
| 1 | 相继 | xiāngjì | 副 | in succession |
| 2 | 固执 | gùzhi | 形 | stubborn |
| 3 | 贤惠 | xiánhuì | 形 | virtuous |
| 4 | 小心翼翼 | xiǎoxīn yìyì | | with utmost care |
| 5 | 两口子 | liǎngkǒuzi | 名 | couple, husband and wife |
| 6 | 相安无事 | xiāng'ān wú shì | | live in peace with each other |
| 7 | 分居 | fēn jū | 离 | live separately |
| 8 | 起诉 | qǐsù | 动 | sue |
| 9 | 破裂 | pòliè | 动 | rupture, break |
| 10 | 法庭 | fǎtíng | 名 | law court |
| 11 | 判决 | pànjué | 动 | (of a court) decide |
| 12 | 原告 | yuángào | 名 | plaintiff |
| 13 | 和好 | héhǎo | 动 | become reconciled |
| 14 | 斩钉截铁 | zhǎn dīng jié tiě | | resolute and decisive |
| 15 | 案件 | ànjiàn | 名 | legal case |
| 16 | 轰动 | hōngdòng | 动 | create a sensation |
| 17 | 精打细算 | jīng dǎ xì suàn | | pinch pennies |
| 18 | 节俭 | jiéjiǎn | 形 | frugal |
| 19 | 抛弃 | pāoqì | 动 | abandon |
| 20 | 败坏 | bàihuài | 形 | corrupt |
| 21 | 牛脾气 | niúpíqi | 名 | stubbornness |

| | | | | |
|---|---|---|---|---|
| 22 | 发火 | fā huǒ | 离 | get angry, lose temper |
| 23 | 第三者 | dìsānzhě | 名 | the other man/woman |
| 24 | 依法 | yīfǎ | 副 | according to the law |
| 25 | 诉讼 | sùsòng | 动 | litigate |
| 26 | 审理 | shěnlǐ | 动 | hear, try (a case in a court) |
| 27 | 可乘之机 | kě chéng zhī jī | | opportunity that can be exploited to one's advantage |
| 28 | 伦理 | lúnlǐ | 名 | ethics |
| 29 | 熏陶 | xūntáo | 动 | nurture |
| 30 | 认可 | rènkě | 动 | approve |

## 注释

① 陈世美 Chén Shìměi

中国古代戏曲中的人物。陈世美考中状元后喜新厌旧，娶了皇帝的女儿而抛弃了原来生活贫穷时的妻子。后来常用来指地位提高后变心的丈夫，也泛指在感情上见异思迁的男子。

## 预 听

09-3

### 一 听录音（09-2），跟读生词，注意发音准确

### 二 完成下列词语搭配

1. 相继 ________　　2. ________ 破裂　　3. ________ 轰动

4. 抛弃 ________　　5. 依法 ________　　6. ________ 败坏

7. ________ 熏陶　　8. 审理 ________

### 三 用下列词语造句

1. 小心翼翼：________________________________

2. 起诉：________________

3. 判决：________________

4. 精打细算：________________

5. 认可：________________

## 四 听录音，填空

1. 我做人的基本准则是 ________ 诚实。

2. 母亲不满意法庭的 ________ 结果。

3. 她温柔 ________，丈夫一家都很喜欢她。

4. 父母都从事表演，从小她就受到这方面的 ________。

5. 这一家子总算过上了与邻居 ________ 的日子。

6. 我国西北、华北地区自西向东 ________ 出现了明显的降雨过程。

7. 有传言说她同丈夫的感情已经 ________。

8. 这场音乐会不仅在全国引起很大 ________，在国外也引起了极大的关注。

9. 如果您是个有心人，既善于抓住购物时机，又能够 ________，就可以买到更便宜的商品。

10. 她实在怕自己的丈夫有朝一日嫌弃她，所以，处处 ________。

11. 有关人士指出，随着思想和科技的进步，人类的 ________ 道德观念也会发生变化。

12. 为了金钱和权力，他 ________ 了自己的家庭。

13. 婚外恋的发生不能简单地归咎于当事人的“道德 ________”。

14. 尽管该案在开庭后又因故延期 ________，但已引起了媒体和法律界的关注。

15. 案件 ________ 到法院后，因证据不足，被告人被判无罪。

16. 据说蓝博基尼本人就是这种不甘示弱的 ________，这也体现了蓝博基尼公司产品的特点。

17. 民警以前还没见过所长为这么点儿事 ______________ 。

18. 对广大信教群众的宗教信仰自由及正常的宗教活动要 ______________ 加以保护。

19. 法院驳回了我的 ______________ 请求。

20. 一毛钱往往会被人们忽略，掉在地上也没人 ______________ 。

21. 每当我不 ______________ 的时候，只要看一看女儿的照片，就能产生很大的动力。

## 五 听句子，选择能准确表达所听内容的答案

1. A. 殷大爷和王大妈要离婚

   B. 殷大爷和王大妈都是演员

   C. 殷大爷和王大妈要表演离婚

2. A. 曾经想在 1985 年的一天，因为一句话不如意，殷大爷不再理睬王大妈

   B. 谁也不知道在 1985 年的一天，因为一句话不如意，殷大爷不再理睬王大妈

   C. 没想到在 1985 年的一天，因为一句话不如意，殷大爷不再理睬王大妈

3. A. 七八十岁的人要离婚，会掉大牙的

   B. 七八十岁的人要离婚，会被人笑话的

   C. 七八十岁的人要离婚，大家都笑得很开心

4. A. 人民法院审理离婚案件时先调解再准予离婚

   B. 人民法院审理离婚案件时不用调解就准予离婚

   C. 人民法院审理离婚案件时调解无效才准予离婚

## 六 根据生词和练习题，猜测课文主要内容

## 精　听　09-5

课文 09-4

### 一　听全文录音（09-4），选择正确答案

1. A. 性格固执，脾气火暴　　B. 善良贤惠，小心翼翼　C. 道德败坏
2. A. 王大妈收到了殷大爷的离婚起诉
   B. 王大妈给殷大爷写信认错
   C. 殷大爷因为一句话不如意，不再理睬王大妈
3. A. 他生活非常节俭　　B. 他道德败坏　　C. 他吃了很多苦
4. A. 殷大爷外面有第三者
   B. 年纪大了离婚会被人笑话
   C. 她老了，不能工作挣钱
5. A. 应当判决两位老人离婚
   B. 不应当判决两位老人离婚
   C. 如果不能调解两位老人和好，就应当判决两位老人离婚

### 二　听全文录音（09-4），回答下列问题

1. 王大妈的性格是什么样的？
2. 殷大爷的性格是什么样的？
3. 1985 年以前王大妈和殷大爷的生活怎么样？
4. 王大妈和殷大爷为什么分居 15 年？
5. 殷大爷要求离婚的理由是什么？
6. 王大妈对离婚的态度是什么？

7. 对这起离婚案，那位老同志有什么看法？

8. 王大妈为什么不同意离婚？

9. 法官为什么说“殷大爷的行为是合法的”？

10. 为什么很多老百姓反对法院判决两位老人离婚？

## 三 听全文录音（09-4），判断下列句子是否正确，并说明原因

1. 王大妈和殷大爷是自由恋爱结婚的。（ ）
2. 王大妈脾气很火暴。（ ）
3. 殷大爷 15 年没有理睬王老太。（ ）
4. 王大妈坚决要求离婚。（ ）
5. 很多人指责殷大爷是当代的陈世美。（ ）
6. 法院审理离婚案件时不必进行调解。（ ）
7. 老百姓常常认可法律不认可习俗。（ ）
8. 当今的法律和中国传统的伦理道德、社会习俗之间关系和谐。（ ）

## 四 听课文（09-4）中记者对离婚案的介绍，用一句话概括

## 五 听录音，填空

记者：各位听众，今天我 ____________ 了一对老人的离婚案。这起离婚案的 ____________ 是殷大爷和王大妈。1948 年，王大妈经人介绍与殷大爷结婚。新婚之后，殷大爷去外地工作，每月寄钱回来。三个孩子 ____________ 出生，抚育孩子全靠王大妈一人。殷大爷 ____________，脾气火暴。王大妈 ____________，对待丈夫 ____________，从不敢惹丈夫生气，____________ 倒也相安无事。就这样过了几十年，谁曾想在 1985

年的一天，因为一句话不 ________，殷大爷不再 ________ 王大妈。15 年来，王大妈几次写信认错，但固执的殷大爷始终没再理睬她，也没寄一分钱回来。从此，二老一直 ________，15 年后王大妈收到殷大爷的离婚 ________。殷大爷认为与王大妈早已没有共同语言，现已分居 15 年之久，夫妻感情 ________，要求法庭判决离婚。在法官问原告是否同意 ________ 时，殷大爷 ________ 地坚持离婚，王大妈则回答，"只要不离婚，什么要求都答应。"这起离婚案件，在当地引起 ________。请问这位老同志，您听说了这件事后有什么感想吗？

群众：80 岁的老头要离婚，简直是天下奇闻。王老太太吃了几十年苦，从来不去找老头儿的麻烦，为了养育三个孩子，________，非常 ________。老头儿 15 年不寄一分钱，现在却要 ________ 王老太太，要离婚，是当代陈世美，道德 ________，不仅王老太太受不了，我们也难以接受。

## 发 展

### 一 用自己的话介绍这起离婚案

### 二 请谈谈你对这起离婚案的看法

### 三 请写出录音中提到的有关法律的词语

# 泛听部分

## （一）

### 词语表 09-6

| | | | | |
|---|---|---|---|---|
| 1 | 遗嘱 | yízhǔ | 名 | will, dying words |
| 2 | 临终 | línzhōng | 动 | on one's deathbed |
| 3 | 徒刑 | túxíng | 名 | imprisonment |
| 4 | 继承 | jìchéng | 动 | inherit |
| 5 | 僵持 | jiāngchí | 动 | be in a stalemate |
| 6 | 冤 | yuān | 形 | wronged, undeserved |
| 7 | 份额 | fèn'é | 名 | portion |
| 8 | 履行 | lǚxíng | 动 | perform, fulfill |
| 9 | 程序 | chéngxù | 名 | procedure |
| 10 | 阻碍 | zǔ'ài | 名 | obstacle |

练习 09-8

课文 09-7

**听全文录音（09-7），选择正确答案**

1. A. 因为陈女士把保险金赠给了二姐夫

   B. 因为陈女士把保险金赠给了她的丈夫

   C. 因为陈女士把保险金赠给了她的女儿

2. A. 丈夫和妻子　　B. 父亲和女儿　　C. 公公和儿媳妇

3. A. 为了保证保险金可以留给娘家人

B. 为了保证保险金可以用在女儿身上

C. 为了保证丈夫不再结婚

4. A. 他们收到了两份给付保险金的申请

B. 两家给付保险金的申请都有道理

C. 两家都把保险公司告上了法庭

5. A. 因为她不能把保险金赠给外人

B. 因为她必须把保险金留给丈夫

C. 因为她不能随意变更保险金的受益人

## （二）

### 词语表　09-9

| | | | | |
|---|---|---|---|---|
| 1 | 脑炎 | nǎoyán | 名 | cerebritis |
| 2 | 癫痫 | diānxián | 名 | epilepsy |
| 3 | 同甘共苦 | tóng gān gòng kǔ | | share happiness and woe |
| 4 | 渺茫 | miǎománg | 形 | uncertain, indefinite |
| 5 | 印证 | yìnzhèng | 动 | confirm |
| 6 | 恍惚 | huǎnghū | 形 | in a trance |

## 练习

课文 09-10

### 听全文录音（09-10），回答下列问题

1. 小美是个什么样的人？

2. 小美为什么要和小鲍结婚？

3. 小美和小鲍结婚后不久发生了什么事情？

4. 小美为什么想离婚？

5. 谁不同意小美离婚？为什么？

# 10

# Lesson 10
# 金领的生活

10

## 训练重点

- 掌握边听边总结的能力，掌握讲话的总体结构方式，掌握通过连词理解全句层次的方法。
- 理解金领阶层的组成、物质生活情况、在公司的地位、对跳槽的看法及金领们的理想。

## 重点句型和词语

10-1

1. 凭借 píngjiè — 白领凭借一技之长生活。
2. 好比 hǎobǐ — 这就好比是一个乐队。
3. 相反……倒…… xiāngfǎn……dào…… — 相反，从不跳槽倒不正常。
4. 以 yǐ — 对于目前还没有实力办公司，也没有“倒炒鱿鱼”打算的金领人士来说，最紧迫的是抓紧时间“充电”，以防止被竞争淘汰。
5. 相对来说 xiāngduì lái shuō — 他们相对来说也更富于冒险精神，也更喜欢向社会、向自己挑战。

## 精听部分

### 词语表 10-2

| | | | | |
|---|---|---|---|---|
| 1 | 策划 | cèhuà | 动 | plan, scheme |
| 2 | 档次 | dàngcì | 名 | level, grade |
| 3 | 齐全 | qíquán | 形 | complete |
| 4 | 饮食 | yǐnshí | 名 | food and drink, diet |
| 5 | 追随 | zhuīsuí | 动 | follow |
| 6 | 出入 | chūrù | 动 | come in and go out |
| 7 | 美容 | měiróng | 动 | beautify the features |
| 8 | 凭借 | píngjiè | 动 | rely on |
| 9 | 一技之长 | yí jì zhī cháng | | professional skill |
| 10 | 一律 | yílǜ | 副 | all, without exception |
| 11 | 全力以赴 | quánlì yǐ fù | | go all out |
| 12 | 奋不顾身 | fèn bú gù shēn | | (charge forward) regardless of personal safety |
| 13 | 上进 | shàngjìn | 动 | make progress |
| 14 | 充沛 | chōngpèi | 形 | abundant |
| 15 | 一塌糊涂 | yìtāhútú | | in an awful or terrible state |
| 16 | 匮乏 | kuìfá | 形 | deficient |
| 17 | 才智 | cáizhì | 名 | intelligence |
| 18 | 跳槽 | tiào cáo | 离 | job-hop |
| 19 | 碰撞 | pèngzhuàng | 动 | collide |
| 20 | 境界 | jìngjiè | 名 | state, realm |
| 21 | 甘心 | gānxīn | 动 | be willing |
| 22 | 纯粹 | chúncuì | 形 | pure |
| 23 | 任凭 | rènpíng | 动 | at one’s convenience, at one’s discretion |

| | | | | |
|---|---|---|---|---|
| 24 | 施展 | shīzhǎn | 动 | display |
| 25 | 才干 | cáigàn | 名 | ability, competence |

## 注释

① 三资企业 sānzī qǐyè

指在中国大陆境内的中外合资经营企业、中外合作经营企业和外商独资经营企业。

② 民营公司 mínyíng gōngsī

民间投资经营的公司。

③ 国企 guóqǐ

国有企业的简称，指国家所有或国家控股的企业。

④ 炒鱿鱼 chǎo yóuyú

生鱿鱼片放入热油锅中一炒，便卷成圆筒状，常用于指卷铺盖回家，即解雇、辞退。

⑤ 充电 chōng diàn

原指把蓄电池等设备接到电源上，使电池重新获得电能，也比喻通过学习补充知识、提高技能。

## 预 听

10-3

### 一 听录音（10-2），跟读生词，注意发音准确

### 二 完成下列词语搭配

1. 策划 ________　　2. 档次 ________　　3. 追随 ________

4. ________ 匮乏　　5. 施展 ________　　6. 提升 ________

### 三 用下列词语造句

1. 凭借：________________________________

2. 一律：____________________

3. 甘心：____________________

4. 纯粹：____________________

5. 任凭：____________________

## 四 听录音，填空

1. 世界上只有一个行业，男人要____________________，这就是服装业。

2. 有400多名退伍老兵____________________，在地方上找到用武之地，成了家乡的致富能手。

3. 一顿营养丰富的早餐会令你____________________。

4. 我们要努力营造有利于青年人才健康成长、____________________。

5. 几名警察，____________________，气氛非常融洽与愉悦。

6. 我是一个心比天高的女人，____________________。

7. 这是一个____________________。

8. 我不希望我们____________________，而没有物质生活的基础，这种婚姻是不可能长久的。

9. 4月1日以后，抗生素广告____________________。

10. ____________________，外地人已经占了很大一部分。

11. 有研究文学的专家说，____________________是无技巧。

## 五 根据生词和练习题，猜测课文主要内容

## 精 听 10-5

课文 10-4

### 一 听全文录音（10-4），选择正确答案

1. A. 最重要的技术和经营权　B. 生产资料所有权　C. 社会关系资源
2. A. 1 万元以上　B. 80 万元以上　C. 15 万 ~ 40 万元
3. A. 一技之长　B. 技术和经营权　C. 乐队
4. A. 跳槽是一种正常情况　B. 跳槽是一种不正常的情况　C. 跳槽的人应该受到谴责
5. A. 为老板的事业奋斗一生　B. 当一个纯粹的经营者　C. 办自己的公司

### 二 听全文录音（10-4），回答下列问题

1. 金领阶层一般是做什么工作的人？
2. 金领和白领有什么区别？
3. 金领和乐队指挥有什么相似之处？
4. 金领们怎样对待事业？
5. 金领们希望跳槽吗？为什么？
6. 名校里周六、周日轿车骤增说明什么？
7. 金领们的理想是什么？

### 三 听全文录音（10-4），判断下列句子是否正确，并说明原因

1. 金领阶层中的人大部分是社会精英。（　　）
2. 金领阶层是指三资企业的高级管理人员。（　　）

3. 金领阶层都有一辆档次不低的汽车。 (　　)

4. 金领阶层都在五星级饭店用餐。 (　　)

5. 金领阶层的服装都很时髦。 (　　)

6. 金领是一个公司技术水平最高的人。 (　　)

7. 金领们一年中三分之一的时间是在旅馆、饭店、汽车、火车、飞机上度过的。 (　　)

8. 金领们认为跳槽的人应该受到谴责。 (　　)

9. 很多金领利用周末去“充电”。 (　　)

10. 金领们几乎都想办自己的公司。 (　　)

## 四　听录音，简短概括你听到的内容

录音 1：课文（10-4）第一段

录音 2：课文（10-4）第二段

录音 3：课文（10-4）第三段

录音 4：课文（10-4）第四段

录音 5：课文（10-4）第五段

## 五　听录音，填空

老板是生产资料的所有者，______________________________，而金领则不仅是技术高手而且__________________________。____________________________________，尽管指挥者在资本上不拥有这个乐队，在技术上，也许他对某一个乐器的演奏不如乐手，但当乐队演奏起来时______________________________。对待事业，他们____________________________，加班是家常便饭。他们____________________________，也许晚上回到家里累得一塌糊涂，但只要在办公室里，他们永远不知疲惫。____________________________。一年 365 天，他们大约有 1/3 的时间是在旅馆、饭店、汽车、火车、飞机上度过的，那种＿＿＿＿＿＿＿＿＿＿＿＿＿＿＿＿＿＿。

## 发展

### 一 根据课文内容，介绍一下金领阶层的生活和工作情况

### 二 讨论

你是否想当金领？为什么？

## 泛听部分

## （一）

### 词语表 10-6

| | | | | |
|---|---|---|---|---|
| 1 | 术语 | shùyǔ | 名 | terminology |
| 2 | 决策 | juécè | 动 | make policy |
| 3 | 失调 | shītiáo | 动 | be unbalanced |
| 4 | 配置 | pèizhì | 动 | allocate |

## 练习 10-8

课文 10-7

### 听全文录音（10-7），选择正确答案

1. A. 政治精英　　B. 技术精英　　C. 经济精英

2. A. 20 世纪 80 年代　　B. 1993 年　　C. 20 世纪 90 年代中后期

3. A. 政治精英太多，技术精英太少

B. 政治精英太少，经济精英太多

C. 经济精英太少，技术精英水平不太高

## （二）

### 词语表　10-9

| | | | | |
|---|---|---|---|---|
| 1 | 汹涌 | xiōngyǒng | 动 | surge |
| 2 | 证券 | zhèngquàn | 名 | securities |
| 3 | 天马行空 | tiān mǎ xíng kōng | | unrestrained |
| 4 | 摒弃 | bìngqì | 动 | abandon |

练　习

课文 10-10

**听全文录音**（10-10），**回答下列问题**

1. 都市孤独族大都是些做什么工作的人？

2. 都市孤独族对待婚姻的态度是什么样的？

3. 都市孤独族最大的共同点是什么？

4. 为什么会出现都市孤独族？

5. 都市孤独族的生活是怎样的？

# 单元测试二（6~10课） Test 02

总分 100 分　成绩：________

## 一　听段落，选择正确答案（共 30 分，每题 3 分）

1. A. 如果家中不能给予老人周到的照顾，就让老人待在家中孤单寂寞
   B. 如果家中不能给予老人周到的照顾，就应该送老人进养老院
   C. 送老人去养老院比让老人待在家中好

2. A. 想发挥自己的创造力　　B. 想提高自己的水平　　C. 想让自己变得更聪明

3. A. 因为不想让丈夫发火　　B. 因为丈夫在外面有第三者
   C. 因为怕离婚会被人笑话

4. A. 王老太太为了养育三个孩子，精打细算，非常节俭
   B. 老头儿 15 年不寄一分钱，现在却要抛弃王老太太，要离婚
   C. 老头儿是当代陈世美，道德败坏

5. A. 老人是否入住养老院不能强求千篇一律
   B. 介绍社会整体福利保险事业存在的问题
   C. 介绍几种不用住养老院的情况

6. A. 因为懂外语的人是宝贝疙瘩
   B. 因为学外语国外的语言环境比中国的好
   C. 因为生活水平提高了

7. A. 办公司　　B. 去买电池　　C. 抓紧时间学习

8. A. 法院只要接到男女一方提出的离婚诉讼就可判决离婚
   B. 法院应先进行调解再判决离婚
   C. 在法院调解无效的情况下再判决离婚

9. A. 升入美国名牌大学的条件
   B. 在语言学校学生素质方面的表现机会很少
   C. 介绍就读国外语言学校的弊病

10. A. 对还东西的人进行人格上的赞美或者是感到钦佩
B. 用一定数量的钱作为回报
C. 对还东西的人进行讽刺

## 二 听录音，填空（共 22 分，每题 2 分）

1. 这是一个______________________________。
2. 几名警察，______________________________，气氛非常融洽与愉悦。
3. 希望北京不断向全国和全世界人民展现______________________________。
4. 目前______________________________超过全市总量的 60%。
5. 在这种压力下，他______________________________。
6. ______________________________着实让她感到身心疲惫。
7. 拾金不昧者有权得到______________________________。
8. 很多世界级的跨国公司______________________________。
9. 他们成为本市首批______________________________。
10. 有关人士指出，随着思想和科技的进步，______________________________。
11. 尽管该案在开庭后又因故______________________________，但已引起了媒体和法律界的关注。

## 三 听录音，选择正确答案（共 48 分，每题 4 分）

1. A. 公用电话亭　　B. 朋友家　　C. 卖报亭

2. A. 根据报亭的主人的介绍
B. 根据小伙子自己留下的名片
C. 根据自己家里的录音电话留言

3. A. 因为钱包里没有多少钱
B. 因为如果他留下别人的钱包会觉得良心不安
C. 因为他很富有，不在乎失主钱包里的钱财

4. A. 拾金不昧是美德，体现了良好的社会风气
B. 拾金不昧是基本道德，体现了良好的社会风气
C. 社会应该加强素质教育，让拾金不昧由美德变成基本道德

5. A. 法庭还要再安排出庭　B. 法庭马上会执行判决　C. 养老院会胜诉

6. A. 这是一个普遍现象　B. 法律在处理这类纠纷时存在问题
C. 这是一种民事争议

7. A. 这种行为不属于遗弃行为
B. 这种行为属于遗弃行为
C. 法律没有明确规定

8. A. 从法律上规定这是民事诉讼案件
B. 从法律上追究老人家属的刑事责任
C. 要求家属接回老人或补交相应费用

9. A. 因为女儿不能适应学校教育
B. 因为女儿要写小说
C. 因为女儿没有自控能力

10. A. 古女士　B. 易女士　C. 周先生

11. A. 在现实生活中没什么用，可以不用学
B. 这些知识都是很重要的系统知识
C. 这些知识可以通过网络学习

12. A. 古女士的做法是害了孩子
B. 应该让孩子的生活丰富多彩
C. 古女士的教育方法会得到社会的承认

# Lesson 11
# 春节习俗的变迁

11

## 训练重点

- 掌握边听边总结概括的能力。
- 掌握听知识介绍类讲话的技巧。
- 理解春节的几个习俗及其变化。

## 重点句型和词语

11-1

| | |
|---|---|
| 1. 处于……之际<br>chǔyú……zhī jì | 因为这个节日正处于新春到来之际。 |
| 2. 每当……<br>měi dāng…… | 每当新的一年开始的时候，朝廷都要举行一次盛大的宴席。 |
| 3. 无论是……还是……都……<br>wúlùn shì……háishi……dōu…… | 每当节日来临，无论是偏僻的乡村还是繁华的都市，到处都可以听到爆竹的声响。 |
| 4. 所谓<br>suǒwèi | 在火药发明之前，所谓爆竹是将竹子放到火上烧烤发出声响。 |

## 精听部分

### 词语表 11-2

| | | | | |
|---|---|---|---|---|
| 1 | 起源 | qǐyuán | 动 | originate |
| 2 | 祭祀 | jìsì | 动 | offer sacrifices (to gods or ancestors) |
| 3 | 朝廷 | cháotíng | 名 | imperial court |
| 4 | 盛大 | shèngdà | 形 | grand |
| 5 | 宴席 | yànxí | 名 | banquet |
| 6 | 礼仪 | lǐyí | 名 | ritual, ceremony |
| 7 | 朝代 | cháodài | 名 | dynasty |
| 8 | 增添 | zēngtiān | 动 | add, increase |
| 9 | 来临 | láilín | 动 | arrive, approach |
| 10 | 丰盛 | fēngshèng | 形 | rich, lavish |
| 11 | 对联 | duìlián | 名 | antithetical couplet (oft. hung on doors) |
| 12 | 团聚 | tuánjù | 动 | reunite |
| 13 | 爆竹 | bàozhú | 名 | firecracker |
| 14 | 交替 | jiāotì | 动 | give place to, replace |
| 15 | 乡村 | xiāngcūn | 名 | village |
| 16 | 繁华 | fánhuá | 形 | prosperous, bustling |
| 17 | 鞭炮 | biānpào | 名 | firecracker |
| 18 | 火药 | huǒyào | 名 | powder, gunpowder |
| 19 | 驱逐 | qūzhú | 动 | expel |
| 20 | 拜年 | bài nián | 离 | wish sb. a Happy New Year |
| 21 | 清晨 | qīngchén | 名 | early morning |
| 22 | 成群结队 | chéng qún jié duì | | in crowds |

| | | | | |
|---|---|---|---|---|
| 23 | 走街串巷 | zǒu jiē chuàn xiàng | | walk through the streets |
| 24 | 络绎不绝 | luòyì bù jué | | in an endless stream |
| 25 | 晚辈 | wǎnbèi | 名 | one's junior, younger generation |
| 26 | 磕头 | kē tóu | 离 | kowtow |
| 27 | 街坊 | jiēfang | 名 | neighbour |
| 28 | 繁多 | fánduō | 形 | various |

## 注释

① 西周 Xī Zhōu

公元前 1046 年到公元前 771 年这一时期中国的朝代名称。

② 汉朝 Hàncháo

公元前 206 年到公元 220 年这一时期中国的朝代名称。

③ 清朝 Qīngcháo

公元 1616 年到公元 1911 年这一时期中国的朝代名称。

## 预 听 11-3

### 一 听录音（11-2），跟读生词，注意发音准确

### 二 完成下列词语搭配

1. 盛大的 ________　2. 增添 ________　3. 丰盛的 ________

4. ________ 对联　5. 偏僻的 ________　6. 繁华的 ________

7. 驱逐 ________　8. ________ 繁多　9. ________ 爆竹

### 三 用下列词语造句

1. 起源：________________________________

2. 成群结队：________________

3. 络绎不绝：________________

4. 团聚：________________

5. 延续：________________

## 四 听录音，填空

1. 英国王室将于21日在温莎堡________________，以庆祝王室四代五名成员今年的整岁生日。

2. 这样的书房，书香味淡了点儿，却又________________。

3. 一名四十多岁的女士，________________走进了心理门诊。

4. 首都各界人士在这里载歌载舞，________________。

5. 这些高考状元有不少________________，甚至他们的家人都没有什么文化。

6. 在京城已绝迹十几年的动物饼干又卷土重来，在________________。

7. 这部电影展示并演绎了中国几十年来的________________。

8. 这是自冷战结束以来________________。

9. 有关负责人称：目前实施的________________。

## 五 根据生词和练习题，猜测课文主要内容

## 精听

11-5

课文 11-4

## 一 听全文录音（11-4），选择正确答案

1. A. 农历的元旦　　B. 汉朝初年　　C. 西周中期

2. A. 吃团圆饭　　B. 打扫卫生　　C. 买东西

3. A. 驱逐一种怪物　　B. 使节日气氛更加欢快、热烈

C. 发明火药

4. A. 登门拜年　　B. 电话拜年　　C. 发手机短信拜年

## 二 听全文录音（11-4），回答下列问题

1. 近代人为什么把农历的元旦称为春节?

2. 一种从汉朝延续到清朝的礼仪是什么?

3. 春节前人们作什么准备?

4. 什么叫“守岁”?

5. 20 世纪 90 年代前后，人们守岁的方式有什么变化?

6. 北京等几个大城市的人到哪儿放鞭炮? 为什么?

7. 中国为什么有放爆竹的习俗?

8. 过去春节期间人们怎样拜年?

9. 现在春节期间人们怎样拜年?

## 三 听全文录音（11-4），判断下列句子是否正确，并说明原因

1. 春节就是 1 月 1 日元旦节。（　　）

2. 春节起源于祭祀，与农业生产无关。（　　）

3. 人们从春节前一个月开始准备过年。（　　）

4. 除夕守岁时看联欢晚会是四五十年前就有的传统习俗。（　　）

5. 现在，放爆竹可以驱逐一种怪物。（　　）

6. 拜年一般都在正月初一、初二、初三这几天。（　　）

7. 过去长辈给晚辈拜年的礼仪是磕头。（　　）

8. 现在人们已经不再登门拜年了。（　　）

## 四 听录音，简短概括你听到的内容

录音 1：课文（11-4）第二段

录音 2：课文（11-4）第四段

## 五 听录音，填空

春节期间，______________。正月初一、初二、初三这几天，从清晨到傍晚，男男女女、老老少少，______________，走街串巷，络绎不绝。人们首先要向长辈拜年，祝愿长辈新年快乐。过去晚辈给长辈拜年的礼仪是磕头，______________。现在城市里的人已经______________。但节日期间老邻居、老街坊、老同事等都要你来我往，互相问候，______________。随着社会的发展，登门拜年也已经不再是问候亲人、朋友的主要方式，电话拜年越来越多地成了人们的第一选择。现在______________，______________，用手机短信息拜年也已成为拜年的主要方式之一。

# 发展

## 一 根据课文内容介绍春节习俗的变化

## 二 介绍你所在国家的一种节日习俗

# 泛听部分

## （一）

### 词语表 11-6

| | | | | |
|---|---|---|---|---|
| 1 | 庄稼 | zhuāngjia | 名 | crops |
| 2 | 敬仰 | jìngyǎng | 动 | revere, admire |
| 3 | 打猎 | dǎ liè | 离 | go hunting |
| 4 | 道士 | dàoshi | 名 | Taoist priest |
| 5 | 无耻 | wúchǐ | 形 | shameless, brazen |
| 6 | 隐隐约约 | yǐnyǐnyuēyuē | 形 | indistinct |

## 练　习

课文 11-7

### 听全文录音（11-7），回答下列问题

1. 羿是一个什么样的人？

2. 羿为什么成了英雄？

3. 羿的妻子叫什么名字？

4. 有一天，一个道士给了羿什么东西？

5. 羿为什么把这个东西给了妻子？

6. 八月十五那天发生了什么事？

7. 羿的妻子为什么飞到月亮上去了？

8. 这段短文主要想说明什么？

## （二）

### 词语表 11-8

| | | | | |
|---|---|---|---|---|
| 1 | 期待 | qīdài | 动 | look forward to |
| 2 | 做东 | zuò dōng | 离 | stand treat |
| 3 | 串门 | chuàn mén(r) | 离 | call on sb. |
| 4 | 群发 | qúnfā | 动 | send to a group |

练　习

课文 11-9

**听全文录音（11-9），判断下列句子是否正确**

1. 时代虽然在不断变化，许多人却依然喜欢登门拜年。（　　）
2. 春节几家人一起聚餐，会吃得太多造成身体负担。（　　）
3. 拜年短信都是文字短信。（　　）
4. 目前用视频会议软件互相祝福拜年已成为人们最主要的拜年方式之一。（　　）
5. 春节拜年的方式虽然各有不同，但都表达了人们对美好生活的祝福。（　　）

# Lesson 12
# "入世"的震撼力 12

## 训练重点

- 培养学生抓中心内容的能力、总结概括的能力，训练学生掌握听议论语体语料的技巧——听语段连接词"第一、第二、第三、第四、具体而言、以……为例、换言之、如此看来"等。
- 理解入世对中国经济生活的四大影响，理解邮政产品的例子所要说明的问题，注意句子之间的层次关系。

## 重点句型和词语 12-1

| | |
|---|---|
| 1. 因为……而……<br>yīnwèi……ér…… | 我们的生活短期内不会因为"入世"而产生翻天覆地的巨变。 |
| 2. 具体而言<br>jùtǐ ér yán | 具体而言，这种影响体现在以下四个方面。 |
| 3. 换言之<br>huàn yán zhī | 换言之，一个美国人的年收入可以寄九万封国内信件，而一个中国人的年收入可以寄八千多封国内信件。 |
| 4. 如此看来<br>rúcǐ kànlái | 如此看来，我们的邮政收费并不低。 |

## 精听部分

### 词语表 12-2

| | | | | |
|---|---|---|---|---|
| 1 | 翻天覆地 | fān tiān fù dì | | earth-shattering |
| 2 | 回顾 | huígù | 动 | retrospect |
| 3 | 震撼 | zhènhàn | 动 | shock, stir |
| 4 | 福音 | fúyīn | 名 | gospel, happy news |
| 5 | 短缺 | duǎnquē | 动 | lack of |
| 6 | 角色 | juésè | 名 | role |
| 7 | 权益 | quányì | 名 | rights and interests |
| 8 | 习气 | xíqì | 名 | bad habit |
| 9 | 信用 | xìnyòng | 名 | credit, credibility |
| 10 | 致命 | zhìmìng | 动 | be deadly, be fatal |
| 11 | 惯例 | guànlì | 名 | convention, usual practice |
| 12 | 抱怨 | bàoyuàn | 动 | complain |
| 13 | 亏损 | kuīsǔn | 动 | suffer loss |
| 14 | 测算 | cèsuàn | 动 | measure and calculate |
| 15 | 垄断 | lǒngduàn | 动 | monopolize |
| 16 | 步骤 | bùzhòu | 名 | step, procedure |
| 17 | 介入 | jièrù | 动 | get involved |
| 18 | 金融 | jīnróng | 名 | finance |
| 19 | 成本 | chéngběn | 名 | cost |
| 20 | 风险 | fēngxiǎn | 名 | risk |
| 21 | 防范 | fángfàn | 动 | be on guard |
| 22 | 拓展 | tuòzhǎn | 动 | expand |
| 23 | 连锁 | liánsuǒ | 形 | chain |

# 注释

① 白眼 báiyǎn

眼睛朝上或向旁边看，现出白眼珠，是看不起人的一种表情。

② 官商 guānshāng

现指有官僚作风的国营商业部门或这些部门的人员。

③ 付学费 fù xuéfèi

比喻因为失误而付出代价。

④ 人治 rénzhì

先秦时期儒家的治国思想，主张君主依靠有才能、品德高尚的人来治理国家。

## 预　听

12-3

### 一 听录音（12-2），跟读生词，注意发音准确

### 二 完成下列词语搭配

1. 翻天覆地的 ________
2. 回顾 ________
3. ________ 权益
4. ________ 习气
5. ________ 信用
6. 致命的 ________
7. ________ 惯例
8. ________ 成本
9. 连锁 ________
10. 拓展 ________

### 三 用下列词语造句

1. 震撼：________________________________
2. 抱怨：________________________________
3. 亏损：________________________________
4. 步骤：________________________________
5. 风险：________________________________

## 四 听录音，填空

1. 在各种新技术、新工具的冲击和推动下，传统的工作和生活方式______________________________。

2. ________________________，确实是令人非常感叹惊奇。

3. 随着科学技术的发展，能给患者________________________。

4. 要加强对出租车行业的管理，________________________。

5. 很多人都认为行动失败是由于队长的________________________。

6. ________________________，外交人员是可以不通过安全检查直接登机的。

7. 我希望儿子一心读书，决不允许他沾染________________________。

8. 我们要进一步规范互联网信息服务经营活动，________________________。

9. 家电厂商应该________________________。

10. 中国从 7 月开始________________________。

## 五 根据生词和练习题，猜测课文主要内容

# 精 听 12-5

课文 12-4

## 一 听全文录音（12-4），选择正确答案

1. A. 老百姓经常遭到商家的白眼
   B. 老百姓学会了维护自己的消费者权益
   C. 老百姓真正成为了商家的“上帝”

2. A. 如何树立全社会的信用关系
   B. 大家的福利水平都明显下降
   C. 依法办事，按国际惯例行动

3. A. 增强居民法治观念

B. 提高老百姓的金融风险意识

C. 如何防范和降低金融风险

4. A.“入世”对中国的影响

B.“入世”对中国老百姓的影响

C.“入世”对中国人经济生活的影响

## 二 听全文录音（12-4），回答下列问题

1.“入世”对中国人生活的第一个影响是什么？

2. 以前中国消费者的地位是怎样的？

3. 现在中国消费者的地位是怎样的？

4. 在某些国有商业银行的柜台上有什么变化？

5.“入世”对中国人生活的第二个影响是什么？

6. 中国经济现在面临的一个致命的问题是什么？

7. 商家和消费者之间没有信用关系会有什么后果？

8.“入世”对中国人生活的第三个影响是什么？

9. 说话人举邮政产品的例子想说明什么问题？

10. 中国欢迎外资有步骤、有条件地进入哪些行业？目的是什么？

11.“入世”对中国人生活的第四个影响是什么？

12. 与国际资本市场对接对中国有什么好处？

## 三 听全文录音（12-4） 判断下列句子是否正确，并说明原因

1. "入世"后中国人的生活在短期内会发生翻天覆地的变化。 （　　）
2. "入世"对老百姓来说是一个福音。 （　　）
3. 有些国有商业银行的服务态度改善了。 （　　）
4. 在中国，商家和消费者之间有很好的信用关系。 （　　）
5. "入世"就是要"树立信誉"。 （　　）
6. 中国邮政系统亏损的主要原因是邮资偏低。 （　　）
7. 金融、电信等服务业都是国有垄断部门。 （　　）

## 四 听全文录音（12-4），简短概括"入世"对中国人经济生活的主要影响

## 五 听录音，填空

1. 第一，中国的老百姓将在中外竞争中真正＿＿＿＿＿＿＿＿＿＿＿＿＿＿。因此，可以说"入世"是中国老百姓的福音。在商品供不应求的短缺经济时代，老百姓＿＿＿＿＿＿＿＿＿＿＿＿＿＿，而今在市场经济中老百姓逐步适应了"当家做主"的角色，并且学会了＿＿＿＿＿＿＿＿＿＿＿＿＿＿。但是这还远远不够，我们经营者＿＿＿＿＿＿＿＿＿＿＿＿＿＿，消费者在许多场合无法充分享有应有的权利。应该说，这种日子不会长久了，＿＿＿＿＿＿＿＿＿＿＿＿＿＿。也许在某些国有商业银行的柜台上，您已经体会到了这种变化。

2. 第三，同样的价格，享受更好的产品和服务。＿＿＿＿＿＿＿＿＿＿＿＿＿＿，邮政部门一直抱怨邮资费用偏低是＿＿＿＿＿＿＿＿＿＿＿＿＿＿。但是根据北京邮电大学学者的测算，美国每封国内平信的价格与人均国内生产总值之比是1:90875，我国为1:8701。＿＿＿＿＿＿＿＿＿＿＿＿＿＿，一个美国人的年收入可以寄九万封国内信件，而一个中国人的年收入可以寄

__________________封国内信件。__________________。

同样的问题，还体现在许多方面，特别是__________________。

所以，我们欢迎外资__________________，一个目的就是希望传统的国有垄断部门尽快地__________________，更好地为顾客服务。

## 发 展

### 一 简单介绍这篇文章的主要观点

### 二 介绍一个重要事件，说明它对你所在的国家有哪些影响

# 泛听部分

## （一）

### 词语表 12-6

| | | | | |
|---|---|---|---|---|
| 1 | 司空见惯 | sīkōng jiàn guàn | | common occurrence |
| 2 | 熟视无睹 | shú shì wú dǔ | | turn a blind eye to (a familiar sight) |
| 3 | 异想天开 | yì xiǎng tiān kāi | | indulge in the wildest fantasy |
| 4 | 质 | zhì | 名 | nature, essence |

## 练习 12-8

课文 12-7

### 听全文录音（12-7），选择正确答案

1. A. 介绍什么是创造力　　B. 介绍培养创造力的环境
   C. 介绍发挥创造力的方法
2. A. 发挥创造力需要宽松的环境　　B. 发挥创造力需要适度的紧张
   C. 发挥创造力需要无所畏惧
3. A. 因为他失败了很多次　　B. 因为他有良好的心态
   C. 因为他是天才
4. A. 说明信息交流可以产生新的思想火花
   B. 说明要有很多思想
   C. 说明人和人需要交流
5. A. 要有一个良好的环境　　B. 要积极开发创造思维
   C. 要有丰富的知识

# （二）

## 词语表 12-9

| | | | | |
|---|---|---|---|---|
| 1 | 契约 | qìyuē | 名 | contract |
| 2 | 监督 | jiāndū | 动 | supervise |
| 3 | 威慑 | wēishè | 动 | deter |
| 4 | 曝光 | bào guāng | 离 | expose, lay bare |

## 练　习

课文 12-10

### 听全文录音（12-10），回答下列问题

1. 在诚信建设过程中应该强调什么？为什么？

2. 收款机的例子体现了什么？

3. 应该怎样对待不讲信用的人？

4. 怎样才能建立诚信体制？

# 13 Lesson 13
# 城市的标志

13

## 训练重点

- 掌握听议论性语段的方法：抓主要意思，抓主要句子，掌握议论层次。
- 理解说话人的主要观点、四合院文化所包含的主要内容，理解保护四合院的两个误区、保护四合院的目的。

## 重点句型和词语

13-1

1. 在……的同时又……
zài……de tóngshí yòu……

在继承传统的礼节和饮食文化的同时又创造出低成本而别具风味的小吃。

2. 一是……二是……
yī shì……èr shì……

过去人们在保护四合院时，有时会不自觉地陷入一些误区。一是把人全都迁出去；二是推倒重来，大拆大建。

3. 而已
éryǐ

政府之所以这样做，不是为了保留下一片片旧房子而已，而是为了继承和发扬原有的四合院文化内涵。

4. 不论是……还是……都……
búlùn shì……háishi……dōu……

原来四合院的文化精神，不论是宁静气氛，还是互相帮助、互相交流等各个方面，都对北京城整体的精神文明的提高大有好处。

## 精听部分

### 词语表 13-2

| | | | | |
|---|---|---|---|---|
| 1 | 经受 | jīngshòu | 动 | endure, undergo |
| 2 | 世代 | shìdài | 名 | generation after generation |
| 3 | 驰名 | chímíng | 动 | famous |
| 4 | 沧桑 | cāngsāng | 名 | vicissitudes |
| 5 | 包含 | bāohán | 动 | contain, embody |
| 6 | 宁静 | níngjìng | 形 | tranquil |
| 7 | 群体 | qúntǐ | 名 | group |
| 8 | 深化 | shēnhuà | 动 | deepen |
| 9 | 绘画 | huìhuà | 动 | draw, paint |
| 10 | 礼节 | lǐjié | 名 | etiquette, courtesy |
| 11 | 风味 | fēngwèi | 名 | special flavour |
| 12 | 冷淡 | lěngdàn | 形 | aloof |
| 13 | 扩建 | kuòjiàn | 动 | extend, expand |
| 14 | 畸形 | jīxíng | 形 | abnormal, lopsided |
| 15 | 面目全非 | miànmù quán fēi | | be changed or distorted beyond recognition |
| 16 | 当务之急 | dāng wù zhī jí | | top priority at present |
| 17 | 误区 | wùqū | 名 | long-standing mistaken idea or concept |
| 18 | 迁 | qiān | 动 | move |
| 19 | 审美 | shěnměi | 动 | appreciation of beauty |
| 20 | 情趣 | qíngqù | 名 | temperament and taste |
| 21 | 不伦不类 | bù lún bú lèi | | unfit, nondescript |
| 22 | 西服 | xīfú | 名 | Western suit |
| 23 | 文人 | wénrén | 名 | man of letters |

| | | | | |
|---|---|---|---|---|
| 24 | 呼吁 | hūyù | 动 | appeal, call on |
| 25 | 卓有成效 | zhuó yǒu chéngxiào | | highly effective |
| 26 | 而已 | éryǐ | 助 | nothing more |
| 27 | 机遇 | jīyù | 名 | opportunity |

## 注释

① 风霜雨雪 fēng shuāng yǔ xuě

各种恶劣天气，常用于比喻生活中经历的各种艰难困苦。

② 元代（元朝）Yuándài（Yuáncháo）

公元 1206 年到公元 1368 年这一时期中国的朝代名称。

③ 明清 Míng Qīng

明朝（1368~1644）和清朝（1616~1911）这两个中国的朝代的合称。

④ 瓜皮帽 guāpímào

中国的一种旧式帽子，像半个西瓜皮的形状。

## 预 听

13-3

### 一 听录音（13-2），跟读生词，注意发音准确

### 二 完成下列词语搭配

1. 经受 ________　2. 驰名 ________　3. ________ 沧桑
4. 宁静的 ________　5. ________ 冷淡　6. 陷入 ________
7. ________ 机遇　8. 深化 ________　9. 世代 ________

### 三 用下列词语造句

1. 包含：________________________________
2. 同甘共苦：________________________________
3. 当务之急：________________________________

4. 不伦不类：________________

5. 卓有成效：________________

6. 呼吁：________________

7. 而已：________________

## 四 听录音，填空

1. 位于卢沟桥东的宛平古城，________________，昨天由市文物局拨专款开始修复。

2. 跨出大学校门，________________。

3. 在返回阶段，航天员________________。

4. 我们的当务之急是________________，改善低收入群众生活。

5. 然而，这十年，________________。

6. 掌握了以上几点，________________。

7. 我希望今年________________，给所有北京的旅游者带来好心情。

8. 你身边看似平淡无奇的风景，恰恰有可能成为别人眼中美丽的风景，________________。

9. 联合国儿童基金会________________。

## 五 根据生词和练习题，猜测课文主要内容

## 精听 13-5

课文 13-4

## 一 听全文录音（13-4），选择正确答案

1. A. 天安门广场及四周的建筑群

B. 故宫建筑群、祈年殿、长城和九龙壁

C. 故宫建筑群、祈年殿、长城、九龙壁和四合院

2. A. 元朝　　　B. 明朝　　　C. 清朝

3. A. 让住在里面的人都搬走
   B. 拆了重建
   C. 把胡同规划为四合院保留区

4. A. 把四合院全部推倒不要
   B. 继承和发扬四合院的文化内涵
   C. 盖一些大屋顶式的建筑，恢复古都风貌

## 二　听全文录音（13-4），回答下列问题

1. 现在北京的标志是什么？

2. 现在北京的标志是什么时候形成的？

3. 有人认为老北京的标志是什么？

4. 北京的四合院是怎样形成的？

5. 四合院文化包含什么？

6. 现在的四合院有什么变化？

7. 现在什么是当务之急？

8. 过去人们在保护四合院时会陷入哪些误区？

9. 为什么说“大屋顶”建筑是失败的？

10. 北京市政府把什么地方规划为四合院保留区？

11. 市政府规划出四合院保留区的目的是什么？

12. 这篇文章最主要的用意是什么？

## 三 听全文录音（13-4），判断下列句子是否正确，并说明原因

1. 北京城的标志没有变化过。（　　）
2. 四合院是老北京人居住的主要建筑形式。（　　）
3. 四合院的出现早于北京的宫殿。（　　）
4. 现在四合院和以前的四合院基本一样。（　　）
5. 人们保护四合院时常常会犯一些错误。（　　）
6. 保护四合院时只要把老旧的四合院拆掉重建就可以。（　　）
7. 应该保留的是四合院的文化精神。（　　）
8. 北京应该有世界水平的现代性标志建筑。（　　）

## 四 听录音，简短概括你听到的内容

录音 1：课文（13-4）第一段

录音 2：课文（13-4）第二段

录音 3：课文（13-4）第三段

录音 4：课文（13-4）第四段

## 五 听录音，填空

四合院文化所包含的，不仅仅是建筑风格、宁静气氛____________________，四合院还____________________，发展了书法和绘画艺术，在____________________又创造出低成本而别具风味的小吃，等等。可是现在，四合院特征已不复存在，小院多已残破，而住在里面的居民____________________。原有的整齐的长方形院子，被扩建的小屋挤得变成了畸形，通道弯弯，杂物堆积，____________________。四合院____________________，今天已经不再适应社会的需要，所以逐渐被社会淘汰，也是很自然的事。

## 发展

### 一 用自己的话简单介绍这篇文章的主要内容

### 二 讨论

你认为到底该不该保留四合院？为什么？

## 泛听部分

### （一）

#### 词语表 13-6

| | | | | |
|---|---|---|---|---|
| 1 | 敏感 | mǐngǎn | 形 | sensitive |
| 2 | 势必 | shìbì | 副 | certainly will |
| 3 | 审慎 | shěnshèn | 形 | prudent, careful |

## 练习

课文 13-7

### 听全文录音（13-7），回答下列问题

1. 世界遗产有哪些可以利用的价值？

2. 世界遗产利用的性质是什么？为什么？

3. 在发展与保护发生矛盾时应该怎么办？

4. 中国在对待世界文化遗产时有哪些错误观点？

5. 用一句话概括课文的主要内容。

## （二）

### 词语表 13-8

| | | | | |
|---|---|---|---|---|
| 1 | 造就 | zàojiù | 动 | creat, bring up |
| 2 | 人文 | rénwén | 名 | humanity |
| 3 | 塑造 | sùzào | 动 | model, mould |

## 练 习

课文 13-9

**听全文录音（13-9），判断下列句子是否正确**

1. 保留文化的办法就是保留以前的文物。（　　）
2. 因为有了住在四合院里的人才有了四合院文化。（　　）
3. 北京文化要素中最为重要的是四合院。（　　）
4. 四合院的居民会把四合院文化带到各地。（　　）
5. 当四合院的居民迁往郊区时，北京文化的特性就消失了。（　　）

14

# Lesson 14
# 彩票给人们带来了什么

14

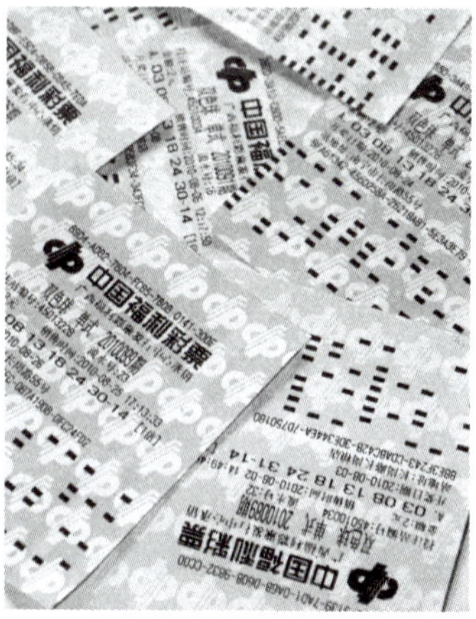

## 训练重点

- 掌握听评论性语体的方法：抓主要句子，抓语段连接词。
- 理解人们热衷买彩票的原因、彩票的积极作用和消极作用、对待彩票的正确态度。

## 重点句型和词语

14-1

众所周知
zhòng suǒ zhōu zhī

众所周知，任何事物都有其两面性。

## 精听部分

### 词语表

14-2

| | | | | |
|---|---|---|---|---|
| 1 | 彩票 | cǎipiào | 名 | lottery ticket |
| 2 | 掀起 | xiānqǐ | 动 | raise, stir up |
| 3 | 注 | zhù | 量 | stake |
| 4 | 酌情 | zhuóqíng | 动 | use one's discretion |

| | | | | |
|---|---|---|---|---|
| 5 | 支出 | zhīchū | 动 | expend |
| 6 | 屡次 | lǚcì | 副 | time and again |
| 7 | 过于 | guòyú | 副 | excessively |
| 8 | 平淡 | píngdàn | 形 | dull |
| 9 | 体验 | tǐyàn | 动 | experience |
| 10 | 恰巧 | qiàqiǎo | 副 | by chance |
| 11 | 消极 | xiāojí | 形 | negative |
| 12 | 公益 | gōngyì | 名 | public good |
| 13 | 中奖 | zhòng jiǎng | 离 | win a prize in a lottery |
| 14 | 切磋 | qiēcuō | 动 | learn from each other by exchanging views |
| 15 | 赌博 | dǔbó | 动 | gamble |
| 16 | 平衡 | pínghéng | 形 | balanced |
| 17 | 折磨 | zhémó | 动 | torment |
| 18 | 致富 | zhìfú | 动 | acquire wealth |
| 19 | 削弱 | xuēruò | 动 | weaken |
| 20 | 执著 | zhízhuó | 形 | persistent |
| 21 | 脱颖而出 | tuō yǐng ér chū | | stand out from the crowd |
| 22 | 获取 | huòqǔ | 动 | obtain |

## 注释

① 彩民 cǎimín

购买（多指经常购买）彩票的人。

## 预 听 14-3

### 一 听录音（14-2），跟读生词，注意发音准确

### 二 完成下列词语搭配

1. ________彩票　　2. 掀起________　　3. 酌情________

4. ________平淡　　5. 消极________　　6. 负面________

7. 削弱________　　8. 获取________　　9. 过于________

10. ________平衡　　11. 公益________

### 三 用下列词语造句

1. 屡次：________________________________

2. 恰巧：________________________________

3. 体验：________________________________

4. 众所周知：________________________________

5. 折磨：________________________________

6. 脱颖而出：________________________________

### 四 听录音，填空

1. 韩国在20世纪60年代以后________________，其中以移民美国为最热。

2. 大学也都设有各种类型的奖学金，有特长的学生________________。

3. 传染病有可能________________。

4. 他们明明是对民用目标进行袭击，却要说________________。

5. 阅读效率低是________________的最大障碍。

6. 要想应对各种挑战，重要的是________________。

7. 为了________________，毕业生们可谓费尽了心思。

8. 几十年前出版的小人书日益受到收藏家的重视，________________。

9. 据悉，仅司马台长城和慕田峪长城就________________作宣传，长城旅游竞争越来越激烈。

10. 幸福的人常做的一件事就是________________。

## 五 根据生词和练习题，猜测课文主要内容

## 精听 14-5

课文 14-4

### 一 听全文录音（14-4），选择正确答案

1. A. 因为一注只需要两元
   B. 因为买彩票投入大，回报也大
   C. 因为买彩票风险很低
2. A. 希望看到奇迹发生
   B. 希望平平淡淡地生活
   C. 希望看到别人中奖
3. A. 发行彩票极大丰富了人们的业余生活
   B. 发行彩票带来的一些负面心理效应
   C. 任何事物都有两面性
4. A. 支持国家的公益事业
   B. 给人们平淡的生活增添乐趣
   C. 削弱年轻人执著奋斗的精神

5. A. 通过精心的算计来获取大奖

B. 对中奖要非常执著

C. 应保持一颗平常心

## 二 听全文录音（14-4），回答下列问题

1. 人们愿意购买彩票的心理原因是什么？

2. 为什么说购买彩票的风险性很低？

3. 为什么人们希望看到奇迹发生？

4. 发行彩票的积极的一面是什么？

5. 发行彩票有什么负面影响？

6. 应该怎样正确对待彩票？为什么？

## 三 听全文录音（14-4），判断下列句子是否正确，并说明原因

1. 国家提倡的很多事情都引起了众人的参与热情。 (　　)

2. 买彩票时只需要花两元，所以不会给个人造成经济负担。 (　　)

3. 买彩票可以满足人们的某种心理需求。 (　　)

4. 买彩票是支持国家的公益事业。 (　　)

5. 发行彩票有消极作用。 (　　)

6. 买彩票时，投入越多，中奖的机会就越大。 (　　)

7. 对年轻人来说，买彩票是一种自我折磨。 (　　)

8. 可以通过精心算计来获取彩票大奖。 (　　)

9. 不应该对彩票和中奖太执著、太投入。 (　　)

## 四 听录音，简短概括你听到的内容

录音 1：课文（14-4）第一、二、三段

录音 2：课文（14-4）第四段

## 五 听录音，填空

1. 首先，绝大多数人＿＿＿＿＿＿＿＿＿＿＿＿＿＿，而购买彩票的风险性是很低的。以体育彩票为例，一注只有两元，人们完全可以＿＿＿＿＿＿＿＿＿＿＿＿。平日里，人们常常会随手花掉几元、几十元，因此＿＿＿＿＿＿＿＿＿＿＿＿＿＿给个人造成经济负担。由于人们每次买彩票投入的钱数是有限的，而且＿＿＿＿＿＿＿＿＿＿＿＿的，所以很多人虽然屡次失望，但＿＿＿＿＿＿＿＿＿＿＿＿。

2. 众所周知，任何事物都有其两面性，＿＿＿＿＿＿＿＿＿＿＿＿。不可否认，＿＿＿＿＿＿＿＿＿＿＿＿，也极大地丰富了人们的业余生活。买彩票这种娱乐性消费＿＿＿＿＿＿＿＿＿＿＿＿，使人们多了一份期盼与希望。可由此而带来的一些＿＿＿＿＿＿＿＿＿＿＿＿＿＿＿＿。

# 发展

## 一 用自己的话简单介绍课文的主要内容

## 二 讨论

你喜欢买彩票吗？为什么？

# 泛听部分

## （一）

### 词语表 14-6

| | | | | |
|---|---|---|---|---|
| 1 | 唯命是从 | wéi mìng shì cóng | | be absolutely obedient |
| 2 | 赌气 | dǔ qì | 离 | feel wronged and act rashly |
| 3 | 背井离乡 | bèi jǐng lí xiāng | | leave one's native place |
| 4 | 根深蒂固 | gēn shēn dì gù | | deep-rooted |

## 练习 14-8

课文 14-7

### 听全文录音（14-7），选择正确答案

1. A. 因为王先生中奖后花很多钱请客
   B. 因为王先生中奖后没有给她母亲家一分钱
   C. 因为王先生太吝啬
2. A. 花 100 万元请客
   B. 没给妻子一些钱
   C. 让别人知道自己中奖的消息
3. A. 中大奖也是勤劳致富
   B. 中大奖是非法致富
   C. 中大奖是快速致富的好办法

4. A. 它属于私人财产，别人无权侵犯

B. 它是不劳而获的结果，应该和大家共享

C. 它让别人心理不平衡，应该捐出一部分

## （二）

### 词语表 14-9

| | | | | |
|---|---|---|---|---|
| 1 | 缓解 | huǎnjiě | 动 | relieve |
| 2 | 抑郁 | yìyù | 形 | depressed |
| 3 | 束缚 | shùfù | 动 | bound, constrain |
| 4 | 为人处世 | wéirén chǔshì | | way one conducts oneself in society |
| 5 | 肆意 | sìyì | 副 | recklessly |
| 6 | 挥霍 | huīhuò | 动 | squander |
| 7 | 滥用 | lànyòng | 动 | abuse, misuse |
| 8 | 越轨 | yuè guǐ | 离 | go beyond the limits |
| 9 | 稳妥 | wěntuǒ | 形 | safe, reliable |

## 练习

课文 14-10

**听全文录音**（14-10），**回答下列问题**

1. 有些中大奖的人产生精神抑郁甚至自杀的事例说明什么？

2. 中大奖会怎样影响人们的生活？

3. 为什么很多中大奖的人纷纷买房子、汽车？这种情况说明什么？

# 单元测试三（11~14 课） Test 03

总分 100 分　成绩：________

## 一　听段落，选择正确答案（共 24 分，每题 3 分）

1. A. 因为放爆竹是一项习俗
   B. 因为可以驱逐一种怪物
   C. 因为它能使节日气氛更加欢快

2. A. 电话拜年　　B. 登门拜年　　C. 用手机短信息拜年

3. A. 说明中国邮政系统亏损的主要原因
   B. 说明美国邮政收费比中国便宜
   C. 说明中国邮政收费不算低

4. A. 人们常常谈论怎样防范和降低金融风险
   B. 越来越多的外资银行和保险公司来中国拓展市场
   C. “入世”对中国的影响

5. A. 为了保留下一片旧房子
   B. 为了继承和发扬原有的四合院文化内涵
   C. 为了满足文人的要求

6. A. 介绍人们在保护四合院时认识上存在的误区
   B. 说明当时人的思想观念、审美情趣，现代人是模仿不出来的
   C. 说明 20 世纪 90 年代初的建筑大都成了穿西服、戴瓜皮帽的怪物

7. A. 元朝　　B. 明朝　　C. 清朝

8. A. 中大奖应当算做合法致富
   B. 没中奖就当做是支持公益
   C. 对彩票和中奖要非常投入、非常执著

## 二 听写句子（共32分，每题4分）

1. ______________________________

2. ______________________________

3. ______________________________

4. ______________________________

5. ______________________________

6. ______________________________

7. ______________________________

8. ______________________________

## 三 听录音，选择正确答案（共44分，每题4分）

1. A. 是一个文化古都　　B. 有宽马路和高楼　　C. 有很深的历史文化涵义

2. A. 在北京保留四合院是一种浪费
   B. 在北京建大厦和高尔夫球场是一种浪费
   C. 北京的四合院建筑是文化的代表

3. A. 走在街上满眼都是四合院建筑
   B. 走在街上满眼都是宽马路和高楼
   C. 没有民族自信心

4. A. 要把北京市中心的高楼拆掉
   B. 要重建代表北京历史文化的平房、四合院
   C. 保护四合院的重要意义

5. A. “入世”后中国金融业开放的速度及范围
   B. “入世”后中国金融业面临的压力
   C. “入世”对中国金融业的影响

6. A. 从中国正式成为 WTO 的成员国开始
B. 中国正式成为 WTO 的成员国两年以后
C. 中国正式成为 WTO 的成员国五年以后

7. A. 两家银行的人数差得很远
B. 它们的总资产是接近的
C. 它们的利润状况差别很大

8. A. 介绍什么是心理应激
B. 介绍人类所面临的应激源
C. 介绍导致不同的个体对相同应激源反应不一的因素

9. A. 做一个外向的人
B. 找朋友、家人倾诉
C. 保持沉默

10. A. 灾难性事件　　B. 个人应激源　　C. 背景性应激源

11. A. 性格内向、沉默寡言的人
B. 遇到灾难性事件的人
C. 有好朋友的人

# 总测试 Test 04

总分 100 分　成绩：________

## 一 听段落，选择正确答案（共 20 分，每题 2 分）

1. A. 他觉得小李打电子游戏的时间太长了
   B. 他觉得小李会玩儿的电子游戏太多了
   C. 他听不懂小李说的游戏名字

2. A. 只得过六次冠军　B. 比赛机会少　C. 实力不如日本和韩国

3. A. 跳槽　B. 追逐潮流　C. 在目前的工作单位努力工作

4. A. 找不到工作　B. 父母没有培养他　C. 没有一技之长

5. A. 赞成　B. 反对　C. 怀疑

6. A. 回家看望父母　B. 去名牌大学充电　C. 去美国上大学

7. A. 坚决反对　B. 赞成　C. 无所谓

8. A. 家里挣钱最多的人　B. 孩子　C. 父母

9. A. 正规院校毕业生　B. 有真才实学的人　C. 年轻军官

10. A. 打电话　B. 发手机短信　C. 发电子贺卡

## 二 听对话，选择正确答案（共 20 分，每题 2 分）

1. A. 凌晨两点　B. 吃完晚饭就睡了　C. 不清楚

2. A. 最近　B. 两年前　C. 很多年了

3. A. 工资不高，但老板喜欢他
   B. 工资很高，但老板不喜欢他
   C. 他自己很满意

4. A. 考试不及格　　B. 成绩不如以前　　C. 讨厌上学

5. A. 六点半　　B. 八点　　C. 七点

6. A. 学费　　B. 学校的各种设施　　C. 学校的教学质量

7. A. 失主　　B. 接受回报的人　　C. 拾金不昧的人

8. A. 住宿　　B. 饮食　　C. 风景

9. A. 出国上学　　B. 参加托福考试　　C. 出国工作

10. A. 因为他的英语水平不高
B. 因为他不是跨学科的人才
C. 因为他的专业不合适

## 三　听录音，选择正确答案（共 40 分，每题 2 分）

1. A. 100 块钱　　B. 60 块钱　　C. 40 块钱

2. A. 因为她想买玩具
B. 因为她想凑够 100 块钱
C. 因为她想跟爸爸一起吃晚饭

3. A. 不能满足老人需要
B. 城近郊区养老院大量闲置
C. 郊区养老院供不应求

4. A. 农村养老机构　　B. 县镇养老机构　　C. 城市养老机构

5. A. 继续兴建农村养老设施
B. 改善条件，提高服务水平
C. 增加高档的养老设施

6. A. 买彩票中了 530 万元的大奖
B. 帮朋友买彩票中了大奖
C. 帮客户买彩票中了大奖

7. A. 因为她很讲信用
B. 因为彩票上有购买者的姓名

C. 因为家里人反对她

8. A. 孝敬父母　　B. 满足自己的生活需要　　C. 为家乡作贡献

9. A. 她儿子买了一个新手机
B. 她儿子开通了彩铃业务
C. 她儿子使用“鬼叫”的彩铃

10. A. 老年人　　B. 年轻人　　C. 潮流一族

11. A. 深林午夜　　B. 鬼哭狼嚎　　C. 枪声

12. A. 能　　B. 不能　　C. 不知道

13. A. 索道对世界遗产的危害极其严重
B. 索道促进了商业化
C. 修索道像作画一样

14. A. 人类文明发展　　B. 环保事业　　C. 旅游事业

15. A. 登山不要到顶，就游到一半
B. 要像看画和读书一样慢慢地游
C. 要快快地到目的地，然后快快地离开

16. A. 要限制游山的人数
B. 风景区有四项功能
C. 风景区是陶冶人们心灵的地方

17. A. 她的二女儿成了植物人
B. 她的二女婿要跟二女儿离婚
C. 她的二女儿生病了

18. A. 因为他想过正常人的生活
B. 因为他的妻子生病了
C. 因为他和妻子的感情破裂了

19. A. 不批准李先生离婚
B. 批准李先生离婚，但是李先生需要赔偿爱人 2000 元钱
C. 批准李先生无条件离婚

20. A. 因为李先生的妻子生病了
B. 因为李先生离婚请求是违法的
C. 因为李先生在妻子生病期间没有照顾妻子

## 四 听写句子（共20分，每题4分）

1. ____________________

2. ____________________

3. ____________________

4. ____________________

5. ____________________

# 精听部分词语总表

［说明］“等级1”为该词语在《高等学校外国留学生汉语言专业教学大纲》和《汉语水平词汇与汉字等级大纲》中的对应等级；“等级2”为该词语在2010年出版的《汉语国际教育用音节汉字词汇等级划分》中的对应等级。空白表示该词语未收入上述大纲。

| 序号 | 词语 | 拼音 | 词性 | 等级1 | 等级2 | 课号 |
|---|---|---|---|---|---|---|
| | | | A | | | |
| 1 | 案件 | ànjiàn | 名 | 三、四 | 三 | 9 |
| 2 | 暗示 | ànshì | 动 | 三、四 | 二 | 4 |
| | | | B | | | |
| 3 | 败坏 | bàihuài | 形 | 三、四 | | 9 |
| 4 | 拜年 | bài nián | 离 | 三、四 | 三 | 11 |
| 5 | 包含 | bāohán | 动 | 丙 | 二 | 13 |
| 6 | 报答 | bàodá | 动 | 三、四 | 二 | 7 |
| 7 | 抱怨 | bàoyuàn | 动 | 三、四 | 二 | 12 |
| 8 | 暴露 | bàolù | 动 | 二 | 二 | 2 |
| 9 | 爆满 | bàomǎn | 动 | 三、四 | 附 | 8 |
| 10 | 爆竹 | bàozhú | 名 | 三、四 | 三 | 11 |
| 11 | 背叛 | bèipàn | 动 | 三、四 | 三 | 7 |
| 12 | 弊病 | bìbìng | 名 | 三、四 | 附 | 2 |
| 13 | 鞭炮 | biānpào | 名 | 三、四 | 三 | 11 |
| 14 | 便捷 | biànjié | 形 | | 三 | 2 |
| 15 | 便利 | biànlì | 形 | 丙 | 二 | 2 |
| 16 | 并非 | bìngfēi | 副 | 三、四 | 三 | 4 |
| 17 | 不伦不类 | bù lún bú lèi | | | | 13 |
| 18 | 不知不觉 | bù zhī bù jué | | 三、四 | 附 | 1 |
| 19 | 不足为奇 | bù zú wéi qí | | 三、四 | | 8 |
| 20 | 步骤 | bùzhòu | 名 | 二 | 三 | 12 |

| | | | | | | |
|---|---|---|---|---|---|---|
| C | | | | | | |
| 21 | 猜疑 | cāiyí | 动 | | | 5 |
| 22 | 才干 | cáigàn | 名 | 三、四 | | 10 |
| 23 | 才智 | cáizhì | 名 | 三、四 | | 10 |
| 24 | 彩票 | cǎipiào | 名 | | 二 | 14 |
| 25 | 沧桑 | cāngsāng | 名 | | 附 | 13 |
| 26 | 测算 | cèsuàn | 动 | 三、四 | 三 | 12 |
| 27 | 策划 | cèhuà | 动 | 三、四 | 二 | 10 |
| 28 | 长寿 | chángshòu | 形 | 三、四 | 二 | 6 |
| 29 | 朝代 | cháodài | 名 | 三、四 | 附 | 11 |
| 30 | 朝廷 | cháotíng | 名 | | | 11 |
| 31 | 称心 | chènxīn | 形 | 三、四 | | 3 |
| 32 | 成本 | chéngběn | 名 | 二 | 二 | 12 |
| 33 | 成群结队 | chéng qún jié duì | | 三、四 | 附 | 11 |
| 34 | 承受 | chéngshòu | 动 | 三、四 | 二 | 4 |
| 35 | 驰名 | chímíng | 动 | 三、四 | 三 | 13 |
| 36 | 冲击 | chōngjī | 动 | 二 | 二 | 5 |
| 37 | 充沛 | chōngpèi | 形 | 三、四 | 附 | 10 |
| 38 | 出入 | chūrù | 动 | 三、四 | 二 | 10 |
| 39 | 穿插 | chuānchā | 动 | | | 1 |
| 40 | 传送 | chuánsòng | 动 | 三、四 | | 2 |
| 41 | 纯粹 | chúncuì | 形 | 三、四 | 三 | 10 |
| 42 | 脆弱 | cuìruò | 形 | 丁 | 三 | 3 |
| D | | | | | | |
| 43 | 胆量 | dǎnliàng | 名 | 三、四 | | 4 |
| 44 | 当务之急 | dāng wù zhī jí | | 三、四 | 附 | 13 |
| 45 | 档次 | dàngcì | 名 | 三、四 | 三 | 10 |
| 46 | 倒退 | dàotuì | 动 | 三、四 | | 5 |
| 47 | 抵御 | dǐyù | 动 | | 三 | 5 |
| 48 | 第三者 | dìsānzhě | 名 | 三、四 | | 9 |

| | | | | | | |
|---|---|---|---|---|---|---|
| 49 | 赌博 | dǔbó | 动 | 三、四 | 二 | 14 |
| 50 | 短缺 | duǎnquē | 动 | | 三 | 12 |
| 51 | 对联 | duìlián | 名 | 三、四 | 三 | 11 |
| 52 | 多此一举 | duō cǐ yì jǔ | | | | 7 |
| | | | E | | | |
| 53 | 扼杀 | èshā | 动 | | | 1 |
| 54 | 恶作剧 | èzuòjù | 名 | | | 2 |
| 55 | 而已 | éryǐ | 助 | 三、四 | 三 | 13 |
| | | | F | | | |
| 56 | 发火 | fā huǒ | 离 | 三、四 | 三 | 9 |
| 57 | 法庭 | fǎtíng | 名 | 二 | 二 | 9 |
| 58 | 法制 | fǎzhì | 名 | 二 | 二 | 5 |
| 59 | 翻天覆地 | fān tiān fù dì | | 三、四 | 附 | 12 |
| 60 | 繁多 | fánduō | 形 | 三、四 | | 11 |
| 61 | 繁华 | fánhuá | 形 | 三、四 | 三 | 11 |
| 62 | 繁荣 | fánróng | 形 | 三、四 | 二 | 6 |
| 63 | 反倒 | fǎndào | 副 | 三、四 | 三 | 4 |
| 64 | 反感 | fǎngǎn | 形 | 三、四 | 三 | 5 |
| 65 | 防范 | fángfàn | 动 | | 二 | 12 |
| 66 | 分居 | fēn jū | 离 | | | 9 |
| 67 | 奋不顾身 | fèn bú gù shēn | | 三、四 | | 10 |
| 68 | 丰盛 | fēngshèng | 形 | | 附 | 11 |
| 69 | 风味 | fēngwèi | 名 | 三、四 | 三 | 13 |
| 70 | 风险 | fēngxiǎn | 名 | 三、四 | 一③ | 12 |
| 71 | 福利 | fúlì | 名 | 三、四 | 二 | 6 |
| 72 | 福音 | fúyīn | 名 | | | 12 |
| 73 | 富翁 | fùwēng | 名 | | 三 | 5 |
| | | | G | | | |
| 74 | 干预 | gānyù | 动 | 三、四 | 二 | 4 |
| 75 | 甘心 | gānxīn | 动 | 三、四 | 二 | 10 |

| | | | | | | |
|---|---|---|---|---|---|---|
| 76 | 感慨 | gǎnkǎi | 动 | 三、四 | 三 | 1 |
| 77 | 疙瘩 | gēda | 名 | 三、四 | | 8 |
| 78 | 公益 | gōngyì | 名 | | 二 | 14 |
| 79 | 公证 | gōngzhèng | 动 | 三、四 | 三 | 5 |
| 80 | 攻读 | gōngdú | 动 | 三、四 | 附 | 8 |
| 81 | 恭喜 | gōngxǐ | 动 | 三、四 | 三 | 2 |
| 82 | 沟通 | gōutōng | 动 | 三、四 | 二 | 1 |
| 83 | 孤独 | gūdú | 形 | 三、四 | 二 | 3 |
| 84 | 姑且 | gūqiě | 副 | 三、四 | | 7 |
| 85 | 固执 | gùzhi | 形 | 三、四 | 三 | 9 |
| 86 | 惯例 | guànlì | 名 | 三、四 | 三 | 12 |
| 87 | 规范 | guīfàn | 名 | 三、四 | 一③ | 7 |
| 88 | 过于 | guòyú | 副 | 三、四 | 二 | 14 |
| | | | H | | | |
| 89 | 害羞 | hàixiū | 形 | 三、四 | 三 | 1 |
| 90 | 和好 | héhǎo | 动 | | | 9 |
| 91 | 和谐 | héxié | 形 | 三、四 | 二 | 1 |
| 92 | 轰动 | hōngdòng | 动 | 三、四 | 三 | 9 |
| 93 | 呼吁 | hūyù | 动 | 二 | 三 | 13 |
| 94 | 户口 | hùkǒu | 名 | 三、四 | | 3 |
| 95 | 回报 | huíbào | 动 | | 二 | 7 |
| 96 | 回避 | huíbì | 动 | 三、四 | 二 | 6 |
| 97 | 回顾 | huígù | 动 | 二 | 二 | 12 |
| 98 | 绘画 | huìhuà | 动 | 丁 | 二 | 13 |
| 99 | 活力 | huólì | 名 | 三、四 | 二 | 1 |
| 100 | 火暴 | huǒbào | 形 | | 三 | 8 |
| 101 | 火药 | huǒyào | 名 | 丙 | 三 | 11 |
| 102 | 获取 | huòqǔ | 动 | 三、四 | 二 | 14 |
| | | | J | | | |
| 103 | 机遇 | jīyù | 名 | 三、四 | 二 | 13 |

| | | | | | | |
|---|---|---|---|---|---|---|
| 104 | 机制 | jīzhì | 名 | 三、四 | 二 | 7 |
| 105 | 畸形 | jīxíng | 形 | 三、四 | 三 | 13 |
| 106 | 极力 | jílì | 副 | 三、四 | 三 | 8 |
| 107 | 计较 | jìjiào | 动 | 三、四 | 三 | 7 |
| 108 | 祭祀 | jìsì | 动 | 三、四 | 附 | 11 |
| 109 | 寂寞 | jìmò | 形 | 丙 | 三 | 3 |
| 110 | 加班 | jiā bān | 离 | 三、四 | 二 | 3 |
| 111 | 坚信 | jiānxìn | 动 | 三、四 | 三 | 8 |
| 112 | 兼任 | jiānrèn | 动 | 三、四 | 三 | 1 |
| 113 | 健全 | jiànquán | 形 | 二 | 二 | 6 |
| 114 | 交替 | jiāotì | 动 | 丁 | 三 | 11 |
| 115 | 教养 | jiàoyǎng | 名 | 三、四 | 附 | 4 |
| 116 | 接收 | jiēshōu | 动 | 三、四 | 二 | 2 |
| 117 | 街坊 | jiēfang | 名 | 三、四 | | 11 |
| 118 | 节俭 | jiéjiǎn | 形 | 三、四 | 三 | 9 |
| 119 | 解体 | jiětǐ | 动 | 三、四 | 三 | 5 |
| 120 | 介入 | jièrù | 动 | 三、四 | 三 | 12 |
| 121 | 金钱 | jīnqián | 名 | 丁 | 二 | 5 |
| 122 | 金融 | jīnróng | 名 | 二 | 二 | 12 |
| 123 | 尽快 | jǐnkuài | 副 | 二 | 二 | 7 |
| 124 | 经受 | jīngshòu | 动 | 三、四 | 三 | 13 |
| 125 | 精打细算 | jīng dǎ xì suàn | | 三、四 | 附 | 10 |
| 126 | 精通 | jīngtōng | 动 | 三、四 | 三 | 8 |
| 127 | 竞选 | jìngxuǎn | 动 | 三、四 | 三 | 8 |
| 128 | 境地 | jìngdì | 名 | 丁 | 三 | 1 |
| 129 | 境界 | jìngjiè | 名 | 三、四 | 三 | 10 |
| 130 | 纠纷 | jiūfēn | 名 | 三、四 | 二 | 5 |
| 131 | 具备 | jùbèi | 动 | 一/2 | 二 | 8 |
| 132 | 角色 | juésè | 名 | 三、四 | 二 | 12 |
| 133 | 绝望 | jué wàng | 离 | 三、四 | 二 | 3 |

| | | | | | | |
|---|---|---|---|---|---|---|
| K | | | | | | |
| 134 | 开朗 | kāilǎng | 形 | 三、四 | 三 | 6 |
| 135 | 开销 | kāixiāo | 名 | 三、四 | 三 | 3 |
| 136 | 开心 | kāixīn | 形 | 三、四 | 一② | 1 |
| 137 | 磕头 | kē tóu | 离 | | | 11 |
| 138 | 可乘之机 | kě chéng zhī jī | | | 附 | 9 |
| 139 | 可观 | kěguān | 形 | 三、四 | 三 | 3 |
| 140 | 恐惧 | kǒngjù | 形 | 三、四 | 三 | 1 |
| 141 | 口才 | kǒucái | 名 | | 三 | 1 |
| 142 | 口气 | kǒuqì | 名 | 二 | 三 | 4 |
| 143 | 苦恼 | kǔnǎo | 形 | 三、四 | 三 | 3 |
| 144 | 宽松 | kuānsōng | 形 | 三、四 | 三 | 1 |
| 145 | 亏损 | kuīsǔn | 动 | 三、四 | 三 | 12 |
| 146 | 匮乏 | kuìfá | 形 | 三、四 | | 10 |
| 147 | 困惑 | kùnhuò | 形 | 三、四 | 三 | 3 |
| 148 | 困境 | kùnjìng | 名 | | 三 | 8 |
| 149 | 扩建 | kuòjiàn | 动 | 三、四 | 三 | 13 |
| L | | | | | | |
| 150 | 来临 | láilín | 动 | 三、四 | 三 | 11 |
| 151 | 浪潮 | làngcháo | 名 | 三、四 | | 8 |
| 152 | 冷淡 | lěngdàn | 形 | 三、四 | 附 | 13 |
| 153 | 礼节 | lǐjié | 名 | 丁 | | 13 |
| 154 | 礼仪 | lǐyí | 名 | | 三 | 11 |
| 155 | 理性 | lǐxìng | 形 | | 三 | 5 |
| 156 | 理智 | lǐzhì | 形 | 三、四 | 二 | 6 |
| 157 | 力不从心 | lì bù cóng xīn | | | 附 | 6 |
| 158 | 力度 | lìdù | 名 | | 三 | 8 |
| 159 | 利弊 | lìbì | 名 | 三、四 | | 8 |
| 160 | 连锁 | liánsuǒ | 形 | | 三 | 12 |
| 161 | 良心 | liángxīn | 名 | 三、四 | 三 | 7 |

| | | | | | | |
|---|---|---|---|---|---|---|
| 162 | 两口子 | liǎngkǒuzi | 名 | 三、四 | 三 | 9 |
| 163 | 凌晨 | língchén | 名 | 三、四 | 三 | 3 |
| 164 | 垄断 | lǒngduàn | 动 | 丙 | 三 | 12 |
| 165 | 屡次 | lǚcì | 副 | 三、四 | 附 | 14 |
| 166 | 伦理 | lúnlǐ | 名 | | 三 | 9 |
| 167 | 络绎不绝 | luòyì bù jué | | | 附 | 11 |
| | | | M | | | |
| 168 | 盲人 | mángrén | 名 | 三、四 | 二 | 1 |
| 169 | 美德 | měidé | 名 | 三、四 | 三 | 7 |
| 170 | 美容 | měiróng | 动 | 三、四 | 二 | 10 |
| 171 | 梦寐以求 | mèngmèi yǐ qiú | | 三、四 | | 3 |
| 172 | 梦想 | mèngxiǎng | 名 | 二 | 二 | 3 |
| 173 | 勉励 | miǎnlì | 动 | 三、四 | | 4 |
| 174 | 面目全非 | miànmù quán fēi | | | 附 | 13 |
| 175 | 名正言顺 | míng zhèng yán shùn | | | | 5 |
| 176 | 模式 | móshì | 名 | 三、四 | 二 | 1 |
| | | | N | | | |
| 177 | 难免 | nánmiǎn | 形 | 二 | 二 | 6 |
| 178 | 内在 | nèizài | 形 | 三、四 | 二 | 4 |
| 179 | 宁静 | níngjìng | 形 | 三、四 | 二 | 13 |
| 180 | 牛脾气 | niúpíqi | 名 | 三、四 | | 9 |
| | | | P | | | |
| 181 | 判决 | pànjué | 动 | 三、四 | 三 | 9 |
| 182 | 庞大 | pángdà | 形 | 三、四 | 三 | 5 |
| 183 | 抛弃 | pāoqì | 动 | 三、四 | 三 | 9 |
| 184 | 培训 | péixùn | 动 | 二 | 二 | 1 |
| 185 | 碰撞 | pèngzhuàng | 动 | | 三 | 10 |
| 186 | 疲惫 | píbèi | 形 | 丁 | 三 | 1 |
| 187 | 平淡 | píngdàn | 形 | | 三 | 14 |

| | | | | | | |
|---|---|---|---|---|---|---|
| 188 | 平衡 | pínghéng | 形 | 丙 | 二 | 14 |
| 189 | 凭借 | píngjiè | 动 | 三、四 | 三 | 10 |
| 190 | 破裂 | pòliè | 动 | 三、四 | 三 | 9 |
| | | | Q | | | |
| 191 | 齐全 | qíquán | 形 | 三、四 | 二 | 10 |
| 192 | 启动 | qǐdòng | 动 | 三、四 | 二 | 2 |
| 193 | 起诉 | qǐsù | 动 | 三、四 | 二 | 9 |
| 194 | 起源 | qǐyuán | 动 | 丙 | 三 | 11 |
| 195 | 恰巧 | qiàqiǎo | 副 | 三、四 | 三 | 14 |
| 196 | 千差万别 | qiān chā wàn bié | | | | 6 |
| 197 | 千篇一律 | qiān piān yí lǜ | | | | 6 |
| 198 | 迁 | qiān | 动 | 三、四 | 三 | 13 |
| 199 | 前所未有 | qián suǒ wèi yǒu | | 三、四 | 附 | 8 |
| 200 | 前提 | qiántí | 名 | 三、四 | 二 | 6 |
| 201 | 潜在 | qiánzài | 形 | 三、四 | 三 | 4 |
| 202 | 强制 | qiángzhì | 动 | 三、四 | 三 | 8 |
| 203 | 憔悴 | qiáocuì | 形 | | | 1 |
| 204 | 切磋 | qiēcuō | 动 | 三、四 | | 14 |
| 205 | 钦佩 | qīnpèi | 动 | 三、四 | 三 | 3 |
| 206 | 倾向 | qīngxiàng | 名 | 二 | 二 | 2 |
| 207 | 清晨 | qīngchén | 名 | 丙 | 二 | 11 |
| 208 | 情趣 | qíngqù | 名 | | | 13 |
| 209 | 驱逐 | qūzhú | 动 | 三、四 | 三 | 11 |
| 210 | 屈服 | qūfú | 动 | 三、四 | 三 | 3 |
| 211 | 取决于 | qǔjué yú | | | 三 | 5 |
| 212 | 权益 | quányì | 名 | 三、四 | 附 | 12 |
| 213 | 全力以赴 | quánlì yǐ fù | | 三、四 | 附 | 10 |
| 214 | 确切 | quèqiè | 形 | 三、四 | 三 | 3 |
| 215 | 群体 | qúntǐ | 名 | 三、四 | 二 | 13 |

| | | | | | | |
|---|---|---|---|---|---|---|
| R | | | | | | |
| 216 | 热点 | rèdiǎn | 名 | 三、四 | 二 | 8 |
| 217 | 热门（儿） | rèmén(r) | 名 | 三、四 | 二 | 8 |
| 218 | 人格 | réngé | 名 | 三、四 | 三 | 5 |
| 219 | 人流 | rénliú | 名 | | | 3 |
| 220 | 人缘 | rényuán | 名 | | 附 | 6 |
| 221 | 认可 | rènkě | 动 | 三、四 | 一③ | 9 |
| 222 | 任凭 | rènpíng | 动 | 三、四 | | 10 |
| 223 | 日趋 | rìqū | 副 | 三、四 | 三 | 6 |
| 224 | 融洽 | róngqià | 形 | 三、四 | 三 | 1 |
| 225 | 如愿以偿 | rú yuàn yǐ cháng | | 三、四 | 附 | 3 |
| S | | | | | | |
| 226 | 三思而行 | sānsī ér xíng | | | | 8 |
| 227 | 骚扰 | sāorǎo | 动 | | 三 | 2 |
| 228 | 善良 | shànliáng | 形 | 三、四 | 二 | 7 |
| 229 | 赏识 | shǎngshí | 动 | | | 3 |
| 230 | 上进 | shàngjìn | 动 | 三、四 | | 10 |
| 231 | 设施 | shèshī | 名 | 二 | 二 | 6 |
| 232 | 深化 | shēnhuà | 动 | 三、四 | 二 | 13 |
| 233 | 深造 | shēnzào | 动 | | | 8 |
| 234 | 审理 | shěnlǐ | 动 | 三、四 | | 9 |
| 235 | 审美 | shěnměi | 动 | 丁 | 三 | 13 |
| 236 | 盛大 | shèngdà | 形 | 三、四 | 三 | 11 |
| 237 | 失落 | shīluò | 形 | | 三 | 6 |
| 238 | 失主 | shīzhǔ | 名 | | | 7 |
| 239 | 施展 | shīzhǎn | 动 | 三、四 | | 10 |
| 240 | 时尚 | shíshàng | 名 | | | 2 |
| 241 | 实践 | shíjiàn | 动 | 一/2 | 二 | 4 |
| 242 | 实质 | shízhì | 名 | 二 | 三 | 6 |
| 243 | 拾金不昧 | shí jīn bú mèi | | | | 7 |

| | | | | | | |
|---|---|---|---|---|---|---|
| 244 | 世代 | shìdài | 名 | 丁 | 三 | 13 |
| 245 | 世俗 | shìsú | 名 | | | 7 |
| 246 | 诉讼 | sùsòng | 动 | 三、四 | 三 | 9 |
| 247 | 素质 | sùzhì | 名 | 三、四 | 二 | 4 |
| 248 | 随时随地 | suíshí suídì | | 三、四 | 附 | 2 |
| | | | T | | | |
| 249 | 坦白 | tǎnbái | 形 | 三、四 | 三 | 7 |
| 250 | 探讨 | tàntǎo | 动 | 三、四 | 二 | 1 |
| 251 | 体验 | tǐyàn | 动 | 三、四 | 一③ | 14 |
| 252 | 替代 | tìdài | 动 | 三、四 | 二 | 2 |
| 253 | 天才 | tiāncái | 名 | 二 | 二 | 4 |
| 254 | 天真 | tiānzhēn | 形 | 一/2 | 二 | 1 |
| 255 | 跳槽 | tiào cáo | 离 | | 附 | 10 |
| 256 | 团聚 | tuánjù | 动 | 丁 | 三 | 11 |
| 257 | 脱颖而出 | tuō yǐng ér chū | | 三、四 | 附 | 14 |
| 258 | 拓展 | tuòzhǎn | 动 | | 三 | 12 |
| | | | W | | | |
| 259 | 晚辈 | wǎnbèi | 名 | | | 11 |
| 260 | 维系 | wéixì | 动 | | | 5 |
| 261 | 文人 | wénrén | 名 | 丁 | 三 | 13 |
| 262 | 无伤大雅 | wú shāng dàyǎ | | | | 2 |
| 263 | 误区 | wùqū | 名 | | 三 | 13 |
| | | | X | | | |
| 264 | 西服 | xīfú | 名 | 丙 | | 13 |
| 265 | 习气 | xíqì | 名 | | | 12 |
| 266 | 掀起 | xiānqǐ | 动 | 三、四 | 三 | 14 |
| 267 | 贤惠 | xiánhuì | 形 | 三、四 | | 9 |
| 268 | 限于 | xiànyú | 动 | 三、四 | 三 | 8 |
| 269 | 陷入 | xiànrù | 动 | 三、四 | 二 | 1 |
| 270 | 乡村 | xiāngcūn | 名 | 丙 | 二 | 11 |

| | | | | | | |
|---|---|---|---|---|---|---|
| 271 | 相安无事 | xiāng'ān wú shì | | | | 9 |
| 272 | 相继 | xiāngjì | 副 | 三、四 | 三 | 9 |
| 273 | 消极 | xiāojí | 形 | 二 | 二 | 14 |
| 274 | 小心翼翼 | xiǎoxīn yìyì | | 三、四 | 三 | 9 |
| 275 | 孝顺 | xiàoshùn | 动 | 二 | 附 | 6 |
| 276 | 心态 | xīntài | 名 | 三、四 | 二 | 2 |
| 277 | 辛酸 | xīnsuān | 形 | | 附 | 3 |
| 278 | 信用 | xìnyòng | 名 | 二 | 二 | 12 |
| 279 | 削弱 | xuēruò | 动 | 三、四 | 三 | 14 |
| 280 | 学识 | xuéshí | 名 | | | 1 |
| 281 | 熏陶 | xūntáo | 动 | | 三 | 9 |
| | | | Y | | | |
| 282 | 延缓 | yánhuǎn | 动 | 三、四 | 附 | 8 |
| 283 | 宴席 | yànxí | 名 | 三、四 | | 11 |
| 284 | 扬长避短 | yáng cháng bì duǎn | | 三、四 | | 4 |
| 285 | 洋溢 | yángyì | 动 | | 三 | 1 |
| 286 | 一刹那 | yíchànà | 名 | 三、四 | 三 | 3 |
| 287 | 一概而论 | yígài ér lùn | | 三、四 | 附 | 6 |
| 288 | 一技之长 | yí jì zhī cháng | | 三、四 | 附 | 10 |
| 289 | 一律 | yílǜ | 副 | 三、四 | 二 | 10 |
| 290 | 一致 | yízhì | 形 | 乙 | 一③ | 5 |
| 291 | 医疗 | yīliáo | 动 | 二 | 二 | 6 |
| 292 | 依法 | yīfǎ | 副 | | 二 | 9 |
| 293 | 依赖 | yīlài | 动 | 三、四 | 二 | 1 |
| 294 | 依依不舍 | yīyī bù shě | | | 三 | 1 |
| 295 | 一塌糊涂 | yìtāhútú | | | 三 | 10 |
| 296 | 以往 | yǐwǎng | 名 | 三、四 | 二 | 4 |
| 297 | 因势利导 | yīn shì lì dǎo | | | | 4 |
| 298 | 饮食 | yǐnshí | 名 | 三、四 | 二 | 10 |
| 299 | 隐蔽 | yǐnbì | 形 | 三、四 | 三 | 2 |

| | | | | | | |
|---|---|---|---|---|---|---|
| 300 | 应运而生 | yìng yùn ér shēng | | 三、四 | | 6 |
| 301 | 用意 | yòngyì | 名 | 三、四 | 三 | 2 |
| 302 | 幽默 | yōumò | 形 | 三、四 | 二 | 2 |
| 303 | 诱导 | yòudǎo | 动 | 三、四 | | 2 |
| 304 | 预测 | yùcè | 动 | 三、四 | 二 | 1 |
| 305 | 预约 | yùyuē | 动 | 三、四 | 二 | 8 |
| 306 | 原告 | yuángào | 名 | 三、四 | | 9 |
| 307 | 约束 | yuēshù | 动 | 三、四 | 二 | 4 |
| Z | | | | | | |
| 308 | 赞美 | zànměi | 动 | 二 | 三 | 7 |
| 309 | 赞同 | zàntóng | 动 | 三、四 | 三 | 7 |
| 310 | 责怪 | zéguài | 动 | 丁 | 三 | 2 |
| 311 | 增添 | zēngtiān | 动 | 三、四 | 三 | 11 |
| 312 | 赠言 | zèngyán | 名 | 三、四 | | 1 |
| 313 | 斩钉截铁 | zhǎn dīng jié tiě | | 三、四 | | 9 |
| 314 | 折磨 | zhémó | 动 | 二 | 三 | 14 |
| 315 | 震撼 | zhènhàn | 动 | | 三 | 12 |
| 316 | 争气 | zhēng qì | 离 | 三、四 | 附 | 3 |
| 317 | 支出 | zhīchū | 动 | 二 | 二 | 14 |
| 318 | 支柱 | zhīzhù | 名 | 三、四 | 三 | 5 |
| 319 | 执著 | zhízhuó | 形 | | 三 | 14 |
| 320 | 指望 | zhǐwang | 动 | 三、四 | 三 | 4 |
| 321 | 致富 | zhìfù | 动 | 二 | 三 | 14 |
| 322 | 致命 | zhìmìng | 动 | | 三 | 12 |
| 323 | 置身于 | zhìshēn yú | | | | 8 |
| 324 | 终究 | zhōngjiū | 副 | 二 | 三 | 7 |
| 325 | 中奖 | zhòng jiǎng | 离 | | 二 | 14 |
| 326 | 注 | zhù | 量 | | 三 | 14 |
| 327 | 追求 | zhuīqiú | 动 | 丙 | 二 | 5 |

| | | | | | | |
|---|---|---|---|---|---|---|
| 328 | 追随 | zhuīsuí | 动 | 三、四 | 附 | 10 |
| 329 | 卓有成效 | zhuó yǒu chéngxiào | | 三、四 | | 13 |
| 330 | 卓越 | zhuóyuè | 形 | 三、四 | 三 | 8 |
| 331 | 酌情 | zhuóqíng | 动 | 三、四 | 附 | 14 |
| 332 | 咨询 | zīxún | 动 | 二 | 二 | 8 |
| 333 | 资源 | zīyuán | 名 | 乙 | 二 | 8 |
| 334 | 自理 | zìlǐ | 动 | | 三 | 6 |
| 335 | 走街串巷 | zǒu jiē chuàn xiàng | | | | 11 |
| 336 | 足以 | zúyǐ | 动 | 三、四 | 二 | 3 |

# 泛听部分词语总表

| 词语 | 拼音 | 词性 | 课号 |
|---|---|---|---|
| **A** | | | |
| 癌症 | áizhèng | 名 | 7 |
| 安乐死 | ānlèsǐ | 动 | 7 |
| 拗口 | àokǒu | 形 | 4 |
| **B** | | | |
| 百分制 | bǎifēnzhì | 名 | 1 |
| 保姆 | bǎomǔ | 名 | 3 |
| 保守 | bǎoshǒu | 形 | 2 |
| 曝光 | bào guāng | 离 | 12 |
| 背井离乡 | bèi jǐng lí xiāng | | 14 |
| 贬低 | biǎndī | 动 | 7 |
| 摒弃 | bìngqì | 动 | 10 |
| **C** | | | |
| 操纵 | cāozòng | 动 | 2 |
| 参差不齐 | cēncī bù qí | | 6 |
| 诧异 | chàyì | 形 | 2 |
| 拆 | chāi | 动 | 5 |
| 程序 | chéngxù | 名 | 9 |
| 串门 | chuàn mén(r) | 离 | 11 |
| **D** | | | |
| 打猎 | dǎ liè | 离 | 12 |
| 大大咧咧 | dàdaliēliē | 形 | 5 |
| 道士 | dàoshi | 名 | 12 |
| 低劣 | dīliè | 形 | 6 |
| 抵触 | dǐchù | 动 | 2 |
| 底线 | dǐxiàn | 名 | 7 |
| 癫痫 | diānxián | 名 | 9 |
| 赌气 | dǔ qì | 离 | 14 |
| **E** | | | |
| 恶劣 | èliè | 形 | 2 |
| **F** | | | |
| 份额 | fèn'é | 名 | 9 |
| 丰厚 | fēnghòu | 形 | 2 |
| **G** | | | |
| 刚毅 | gāngyì | 形 | 4 |
| 革命 | gémìng | 名 | 2 |
| 根深蒂固 | gēn shēn dì gù | | 14 |
| **H** | | | |
| 衡量 | héngliáng | 动 | 7 |
| 划不来 | huábulái | 形 | 2 |
| 缓解 | huǎnjiě | 动 | 14 |
| 焕发 | huànfā | 动 | 6 |
| 恍惚 | huǎnghū | 形 | 9 |
| 挥霍 | huīhuò | 动 | 14 |
| **J** | | | |
| 激发 | jīfā | 动 | 1 |
| 继承 | jìchéng | 动 | 9 |
| 夹层 | jiācéng | 名 | 3 |
| 艰辛 | jiānxīn | 形 | 1 |

| | | | |
|---|---|---|---|
| 监督 | jiāndū | 动 | 12 |
| 江郎才尽 | jiāngláng cái jìn | | 4 |
| 僵持 | jiāngchí | 动 | 9 |
| 精英 | jīngyīng | 名 | 3 |
| 敬而远之 | jìng ér yuǎn zhī | | 4 |
| 敬仰 | jìngyǎng | 动 | 11 |
| 沮丧 | jǔsàng | 形 | 4 |
| 决策 | juécè | 动 | 10 |
| | K | | |
| 空巢 | kōngcháo | 名 | 6 |
| 空缺 | kòngquē | 名 | 8 |
| | L | | |
| 滥用 | lànyòng | 动 | 14 |
| 立足 | lìzú | 动 | 3 |
| 利索 | lìsuo | 形 | 6 |
| 临终 | línzhōng | 动 | 9 |
| 灵感 | línggǎn | 名 | 4 |
| 聋哑 | lóngyǎ | 形 | 2 |
| 垄断 | lǒngduàn | 动 | 3 |
| 履行 | lǚxíng | 动 | 9 |
| 论调 | lùndiào | 名 | 7 |
| | M | | |
| 麻将 | májiàng | 名 | 6 |
| 弥补 | míbǔ | 动 | 8 |
| 渺茫 | miǎománg | 形 | 9 |
| 敏感 | mǐngǎn | 形 | 13 |
| 磨合 | móhé | 动 | 5 |
| | N | | |
| 脑炎 | nǎoyán | 名 | 9 |

| | | | |
|---|---|---|---|
| 内向 | nèixiàng | 形 | 5 |
| 内秀 | nèixiù | 形 | 5 |
| | P | | |
| 配置 | pèizhì | 动 | 10 |
| 扑克 | pūkè | 名 | 6 |
| | Q | | |
| 期待 | qīdài | 动 | 11 |
| 契约 | qìyuē | 名 | 12 |
| 侵犯 | qīnfàn | 动 | 7 |
| 青睐 | qīnglài | 动 | 6 |
| 群发 | qúnfā | 动 | 11 |
| | R | | |
| 扰乱 | rǎoluàn | 动 | 3 |
| 人文 | rénwén | 名 | 13 |
| 荣誉 | róngyù | 名 | 7 |
| 如花似玉 | rú huā sì yù | | 4 |
| 入狱 | rù yù | 离 | 4 |
| | S | | |
| 神圣 | shénshèng | 形 | 7 |
| 审慎 | shěnshèn | 形 | 13 |
| 失调 | shītiáo | 动 | 10 |
| 施肥 | shī féi | 离 | 5 |
| 势必 | shìbì | 副 | 13 |
| 熟视无睹 | shú shì wú dǔ | | 12 |
| 术语 | shùyǔ | 名 | 10 |
| 束缚 | shùfù | 动 | 14 |
| 司空见惯 | sīkōng jiàn guàn | | 12 |
| 肆意 | sìyì | 副 | 14 |
| 塑造 | sùzào | 动 | 13 |

| | | | |
|---|---|---|---|
| 缩减 | suōjiǎn | 动 | 4 |
| 琐事 | suǒshì | 名 | 6 |
| **T** | | | |
| 塌 | tā | 动 | 5 |
| 体力 | tǐlì | 名 | 3 |
| 天伦之乐 | tiānlún zhī lè | | 6 |
| 天马行空 | tiān mǎ xíng kōng | | 10 |
| 天涯 | tiānyá | 名 | 2 |
| 填补 | tiánbǔ | 动 | 8 |
| 同甘共苦 | tóng gān gòng kǔ | | 9 |
| 徒刑 | túxíng | 名 | 9 |
| 途径 | tújìng | 名 | 8 |
| 吞没 | tūnmò | 动 | 7 |
| 妥协 | tuǒxié | 动 | 7 |
| **W** | | | |
| 挖掘 | wājué | 动 | 1 |
| 外向 | wàixiàng | 形 | 5 |
| 威慑 | wēishè | 动 | 12 |
| 为人处世 | wéirén chǔshì | | 14 |
| 唯利是图 | wéi lì shì tú | | 7 |
| 唯命是从 | wéi mìng shì cóng | | 14 |
| 温馨 | wēnxīn | 形 | 6 |
| 稳妥 | wěntuǒ | 形 | 14 |
| 无耻 | wúchǐ | 形 | 11 |
| 无奈 | wúnài | 动 | 7 |

| | | | |
|---|---|---|---|
| **X** | | | |
| 牺牲 | xīshēng | 动 | 2 |
| 汹涌 | xiōngyǒng | 动 | 10 |
| **Y** | | | |
| 厌弃 | yànqì | 动 | 1 |
| 遗嘱 | yízhǔ | 名 | 9 |
| 异想天开 | yì xiǎng tiān kāi | | 12 |
| 抑郁 | yìyù | 形 | 14 |
| 隐私 | yǐnsī | 名 | 4 |
| 隐隐约约 | yǐnyǐnyuēyuē | 形 | 11 |
| 印证 | yìnzhèng | 动 | 9 |
| 营造 | yíngzào | 动 | 1 |
| 诱惑 | yòuhuò | 动 | 3 |
| 舆论 | yúlùn | 名 | 7 |
| 冤 | yuān | 形 | 9 |
| 远足 | yuǎnzú | 动 | 6 |
| 越轨 | yuè guǐ | 离 | 14 |
| **Z** | | | |
| 造就 | zàojiù | 动 | 13 |
| 证券 | zhèngquàn | 名 | 10 |
| 咫尺 | zhǐchǐ | 名 | 2 |
| 质 | zhì | 名 | 12 |
| 撰稿 | zhuàngǎo | 动 | 2 |
| 庄稼 | zhuāngjia | 名 | 11 |
| 自主 | zìzhǔ | 动 | 1 |
| 阻碍 | zǔ'ài | 名 | 9 |
| 做东 | zuò dōng | 离 | 11 |

# “重点句型和词语”索引

| | | |
|---|---|---|
| 何必……呢？ | hébì……ne? | 5 |
| 话又说回来 | huà yòu shuō huilai | 6 |
| 换言之 | huàn yán zhī | 12 |
| 或……或…… | huò……huò…… | 1 |
| | J | |
| 即便……也…… | jíbiàn……yě…… | 7 |
| 即使……也…… | jíshǐ……yě…… | 6 |
| 既然 | jìrán | 5 |
| 既有……也有…… | jì yǒu……yě yǒu…… | 8 |
| 就……而言 | jiù……ér yán | 2 |
| 具体而言 | jùtǐ ér yán | 12 |
| | K | |
| 恐怕 | kǒngpà | 3 |
| | M | |
| 每当…… | měi dāng…… | 11 |
| | P | |
| 凭……而论 | píng……ér lùn | 7 |
| 凭借 | píngjiè | 10 |
| | Q | |
| 且不说……，就是……也…… | qiě bù shuō……, jiùshì……yě…… | 2 |
| 取决于 | qǔjué yú | 5 |
| | R | |
| 如此看来 | rúcǐ kànlái | 12 |
| | S | |
| 甚至 | shènzhì | 1 |
| 视……而定 | shì……ér dìng | 6 |

| | | |
|---|---|---|
| 谁曾想 | shuí céng xiǎng | 9 |
| 所谓 | suǒwèi | 11 |
| W | | |
| 无论是……还是……都…… | wúlùn shì……háishi……dōu…… | 11 |
| X | | |
| 相对来说 | xiāngduì lái shuō | 10 |
| 相反……倒…… | xiāngfǎn……dào…… | 10 |
| (就)像……一样 | (jiù) xiàng……yíyàng | 1 |
| 笑掉大牙 | xiào diào dàyá | 9 |
| Y | | |
| 也就是说 | yě jiù shì shuō | 7 |
| 一是……二是…… | yī shì……èr shì…… | 13 |
| 一旦……就…… | yídàn……jiù…… | 5 |
| 以 | yǐ | 10 |
| 意味着 | yìwèizhe | 3 |
| 因为……而…… | yīnwèi……ér…… | 12 |
| 由此可见 | yóu cǐ kě jiàn | 3 |
| ……又有何不可呢? | ……yòu yǒu hé bùkě ne? | 5 |
| 与其……不如…… | yǔqí……bùrú…… | 6 |
| Z | | |
| 在……的同时又…… | zài……de tóngshí yòu…… | 13 |
| 在一定程度上 | zài yídìng chéngdù shang | 5 |
| 之所以……是因为…… | zhī suǒyǐ……shì yīnwèi…… | 2 |
| 至于 | zhìyú | 4 |
| 众所周知 | zhòng suǒ zhōu zhī | 14 |
| 诸如……之类 | zhūrú……zhī lèi | 2 |

# 版权声明

《汉语·纵横》是一套对外汉语教材，其中部分课文是在真实文本的基础上改写而成的。由于时间、地域等多方面的原因，我们在无法与权利人取得联系的情况下使用了有关作者的作品，同时因教学需要，对作品进行了略微的调整。尽管我们力求忠实于原作品，但仍可能使作品失去一些原有的光彩。对此，我们深表歉意并衷心希望得到权利人的理解和支持。另外，有些作品由于无法了解作者的信息，未署作者的姓名，请权利人谅解。

为尊重作者的著作权，现特别委托北京版权代理有限责任公司向权利人转付本套书中部分文字的稿酬。请相关著作权人直接与北京版权代理有限责任公司取得联系并领取稿酬。领取稿酬时请提供相关资料：本人身份证明；作者身份证明。

具体联系方式如下：


吴文波

北京版权代理有限责任公司

北京海淀区知春路 23 号量子银座 1403 室

邮编：100191

电话：86（10）82357056 /57/ 58　　　　传真：86（10）82357055


编者

2011 年 8 月

留学生本科必修课系列教材 第二版

# 听力录音文本及参考答案 4

Listening SCRIPTS & ANSWERS

# 汉语纵横 Jump High

A Systematic Chinese Course

李 彤 编著

北京语言大学出版社
BEIJING LANGUAGE AND CULTURE UNIVERSITY PRESS

# 目　录
# Contents

# Lesson 1
# 告别失望和疲惫

## 精听部分

### 课文（一） 01-3

男：真是时光飞逝，盼了好久的暑假，一眨眼就过去了[1]。紧张而疲惫的一个学期刚刚过去，新学期马上又来了。我真不想开学！

女：上个学期我比你还累呢。我教两个班，当一个班的班主任[2]，还兼任年级组组长，每天至少得工作12个小时！而且每天的事情都是没完没了的，无法预测。

男：怪不得你上学期显得特别憔悴呢。

女：刚放假时，我觉得，我必须休息一下。我推掉了去桂林疗养的机会，就是为了能痛痛快快地睡上三天三夜。可偏偏这时候，学校派我去参加“中小学教师心理培训班”。就像刚睡着就被叫起来一样，我实在打不起精神[3]来。

男：但你现在看起来好像浑身有使不完的劲儿。

女：因为这个培训班与众不同，我的收获很大。通过培训，我认识到，我们的学生在学校的时候需要宽松的气氛、有趣的活动、善意的沟通和热情的夸奖。

男：我也考虑过这个问题。我常常想，作为老师，我们是不是陷入了一种可怕的模式，它不只扼杀了孩子们的天真，也正在一步步地将我们自己逼向失望与疲惫的境地。

女：所以，这学期我们应该想办法改变这种情况。

（选自《北京青年报》）

## 精听 01-4

### 一 听全文录音，选择正确答案

1. 这两个人的谈话发生在什么时候？ 答案 C 新学期开学前
2. 女的上学期显得憔悴的原因是什么？ 答案 A 工作太累
3. 女的暑假做什么了？ 答案 B 参加培训班
4. 女的现在的状态怎么样？ 答案 A 好像浑身有使不完的劲儿
5. 男的对他们以前的工作方法有什么想法？ 答案 C 扼杀了孩子的天真

### 三 听全文录音，判断下列句子是否正确，并说明原因

答案 1. × 2. √ 3. × 4. ×
5. √ 6. √ 7. ×

### 四 听句子，复述

1. 真是时光飞逝，盼了好久的暑假，一眨眼就过去了。
2. 每天至少得工作12个小时！而且每天的事情都是没完没了的，无法预测。
3. 怪不得你上学期显得特别憔悴呢！
4. 就像刚睡着就被叫起来一样，我实在打不起精神来。
5. 你现在看起来好像浑身有使不完的劲儿。
6. 通过培训，我认识到，我们的学生在学校的时候需要宽松的气氛、有趣的活动、善意的沟通和热情的夸奖。
7. 我常常想，作为老师，我们是不是陷入了一种可怕的模式，它不只扼杀了孩子们的天真，也正在一步步地将我们自己逼向失望与疲惫的境地。

### 五 听录音，填空

1. 男：真是时光飞逝，盼了好久的暑假，一眨眼就过去了。紧张而疲惫的一个学期刚刚过去，新学期马上又来了。我真不想开学！

女：上个学期我比你还累呢。我教两个班，当一个班的班主任，还兼任年级组组长，

每天至少得工作12个小时！而且每天的事情都是没完没了的，无法预测。

男：怪不得你上学期显得特别憔悴呢。

2. 女：因为这个培训班与众不同，我的收获很大。通过培训，我认识到，我们的学生在学校的时候需要宽松的气氛、有趣的活动、善意的沟通和热情的夸奖。

男：我也考虑过这个问题。我常常想，作为老师，我们是不是陷入了一种可怕的模式，它不只扼杀了孩子们的天真，也正在一步步地将我们自己逼向失望与疲惫的境地。

## 课文（二） 01-6

1 暑假期间，我参加了一个“中小学教师心理培训班”。第一天上课，我懒懒地来到教室。没想到，培训一开始，我就被深深地吸引住了。这不只因为老师的学识和口才，还因为那些有趣而含义丰富的活动。我和几十位老师一起推气球、抢座位的时候，我才感到这些童年的游戏是那么富有魅力。我看到了大家脸上洋溢的活力，也听到了每个人不同的思考。第二天，我们被分成了几个小组，我还有了一个自己喜欢的名字——咪咪。最初，我还有些害羞，但当我发现身边的“笨笨”“弱弱”，甚至还有“机器猫”“樱桃小丸子”[①]时，我感到了从未有过的轻松。那天，我笑得最开心！

2 在以后的时间里，我们共同探讨了每个人的过去、现在和未来。我的面前像打开了一扇扇窗户，每扇窗户都是一处风景，或喜、或忧、或笑、或泪，让我非常感慨。我从未感到与人这样亲近，也从未感到如此的安全和被理解。当然，探讨的过程也穿插着游戏。我忘不了自己像盲人一样被牵着行走时的感觉，那种恐惧，那种依赖，我感到自己是那么需要别人的帮助。

3 培训班结束前写赠言时，我又看到了同学给我写下的许多赞美之辞。我问自己：“真的，我有那么优秀吗？”我发现自己开始有些喜欢自己了，为什么不呢？于是，我的心情在不知不觉中变了，我想说更多的话，想给别人更多的赞美。分别时，我和同学们一一合影，依依不舍。我不舍的不是简单的几个朋友，而是那种人与人之间和谐、融洽的感觉，还有那种被人喜欢和夸奖的感受。这四天，我觉得好像过了几十年，我经历了疲惫、厌烦、希望、兴奋、渴望、不舍等一系列过程。我切实感受到了自己的成长和成熟。

（选自《北京青年报》）

## 精 听

01-7

### 一 听全文录音，选择正确答案

1. 培训班开始后，“我”是什么样子？

答案 C 被吸引了

2. 培训班第二天，“我”感到从未有过的轻松，是因为什么？

答案 C 每个同学都起了一个很可爱的名字

3. 和同学们探讨每个人的过去、现在和将来时，“我”有什么感觉？

答案 A 感到与人非常亲近

4. 培训班结束时，“我”有什么样的心情？

答案 B 依依不舍

5. “我”为什么觉得四天好像几十年？

答案 C 因为“我”感受到了自己的成熟和成长

### 三 听全文录音，判断下列句子是否正确，并说明原因

答案 1. × 2. √ 3. × 4. √ 5. √ 6. ×

### 四 听录音，填空

1. 暑假期间，我参加了一个“中小学教师心理培训班”。第一天上课，我懒懒地来到教室。没想到，培训一开始，我就被深深地吸引住了。这不只因为老师的学识和口才，还因为那些有趣而含义丰富的活动。我和几十位老师一起推气球、抢座位的时候，

我才感到这些童年的游戏是那么富有魅力。我看到了大家脸上洋溢的活力，也听到了每个人不同的思考。

2. 在以后的时间里，我们共同探讨了每个人的过去、现在和未来。我的面前像打开了一扇扇窗户，每扇窗户都是一处风景，或喜、或忧、或笑、或泪，让我非常感慨。我从未感到与人这样亲近，也从未感到如此的安全和被理解。当然，探讨的过程也穿插着游戏。我忘不了自己像盲人一样被牵着行走时的感觉，那种恐惧，那种依赖，我感到自己是那么需要别人的帮助。培训班结束前写赠言时，我又看到了同学给我写下的许多赞美之辞。

## 泛听部分

### 课文（一） 01-9

我想，素质教育在某种意义上就是挖掘孩子潜在的发展能力，而不是成年人所设定和安排的那种模式，否则我们会失去我们的教育主角。没有主角的戏，演得再辛苦再热烈也没用。我觉得目前我们教育失败，最重要的原因就是让孩子丧失了对学习的兴趣。孩子们如果“厌学”，厌的不是知识，厌弃的是我们给他们提供的那套陈旧的模式。目前我们存在的问题是教育资源的缺乏，教师水平、现代化教学手段的不足。我们要减轻孩子的负担，但减负的重点不是减轻作业量，不是减少课程安排，不是取消百分制，而应该是我们在减下来的时间内用什么东西充实我们的孩子。

（选自《北京青年报》）

### 课文（二） 01-11

快乐教育，最根本的还是强调学生自主地学习，学生应该成为学习和教学过程的积极参与者。这种参与型教学培养了学生的好奇心、探索精神，以及良好的学习态度和习惯，这比简单地掌握知识更为重要。在进行快乐教育的过程中要营造出四个环境：多彩自主的活动环境、愉快和谐的学习环境、友爱融洽的人际环境以及优美文明的校园环境。

在“苦学教育”向“快乐教育”转变的过程中，需要各方面做很多工作，做老师的当然就更不用说了，为了让学生会学、爱学，教师在教育思想、教学方法上都需要下更大的苦功。比如：注意减轻学生心理上的压力，多给学生信心与支持，善于激发学生学习的兴趣，善于引导学生提高学习能力和组织能力，熟悉每位学生，建立良好的师生关系，等等。总之，为了教育好孩子，培养出有用的人才，教师必须付出更加艰辛的劳动。

（选自《每日文萃》）

# Lesson 2
# 聊天儿动手不动口

## 精听部分

### 课文（一） 02-3

男：自从进入21世纪，用手机随心所欲地发送和接收短信息已经成为一种文化时尚。

女：是这么回事儿。据报道，自2000年下半年中国移动[1]免费为用户开通短信息服务以及启动“移动梦网”计划以来，国内手机短信息数量每月增加几千万条。有关人士预测，2001年，将有100亿条短信息在手机上发送。如果以每条0.1元计算，中国人花在短信息上的费用将是10亿元！

男：前几天，我也看了一篇报道，上面说，仅是“恭喜发财”这条短信息，在2001年除夕夜里，就被7000多人点击发送，是以前一个月点击数的3倍多。湖北移动武汉营销中心统计，2000年12月31日20点至24点的4个小时内，短信息流量高达75730次，平均每小时近两万次。元旦期间，30万人次使用短信息。

女：这些，都足以证明短信息在城市的流行程度。我分析了一下，我觉得便捷是短信息得以流行的根本原因。不仅是时间、地点上的方便，随时随地可以发送、接收，而且能够享受“替代”服务——且不说网站上数百条供你点击的各类短信息用语，就是手机上，也有设定好的常用短信息，诸如“在老地方见”“我将迟到几分钟”之类，你完全不用输入就可以发送，更可以同时给好几个人发信息。这种“点到为止”的方便确实为忙碌的都市人带来了便利。

男：你说的一点儿也不错。尤其是在开会、看电影这些不方便说话的时候，要是有人打电话过来，就可以发送信息交谈几句，动手不动口，什么事都不耽误！

（选自《北京青年报》）

## 精　听

02-4

### 一　听全文录音，选择正确答案

1. 从什么时候起中国国内手机短信息数量开始迅速增加？　答案　A　2000 年下半年
2. 2001 年中国人花在短信息上的费用将是多少钱？　答案　B　10 亿元
3. 2001 年元旦期间，多少人次使用短信息？　答案　C　30 万
4. 短信息流行的根本原因是什么？　答案　A　便捷
5. 男的觉得手机有什么好处？　答案　C　可以用短信交流

### 三　听句子，复述

1. 这些，都足以证明短信息在城市的流行程度。
2. 这种“点到为止”的方便确实为忙碌的都市人带来了便利。
3. 尤其是在开会、看电影这些不方便说话的时候，要是有人打电话过来，就可以发送信息交谈几句，动手不动口，什么事都不耽误！

### 四　听录音，填空

男：自从进入 21 世纪，用手机随心所欲地发送和接收短信息已经成为一种文化时尚。

女：是这么回事儿。据报道，自 2000 年下半年中国移动免费为用户开通短信息服务以及启动“移动梦网”计划以来，国内手机短信息数量每月增加几千万条。有关人士预测，2001 年，将有 100 亿条短信息在手机上发送。如果以每条 0.1 元计算，中国人花在短信息上的费用将是 10 亿元！

男：前几天，我也看了一篇报道，上面说，仅是“恭喜发财”这条短信息，在 2001 年除夕夜里，就被 7000 多人点击发送，是以前一个月点击数的 3 倍多。湖北移动武汉营销中心统计，2000 年 12 月 31 日 20 点至 24 点的 4 个小时内，短信息流量高

达75730次，平均每小时近两万次。元旦期间，30万人次使用短信息。

## 课文（二） 02-6

1 如果仅就方便快捷而言，打电话可能要比发送短信息来得更快些。短信息之所以受欢迎，是因为它除了不受时间和地点的限制外，还能带来一种心理上的愉快和喜悦。这种心理可能是一种创造性的，也可能是开个玩笑的恶作剧。社会心理学家指出，人可以从某些隐蔽的恶作剧里获得快乐。"猜猜我是谁"的心理是不少手机短信息发送者的"快乐"心态，因为发送者在幕后，尤其是那些通过网络发送的短信息，很难查到发送人，所以不用担心自己身份暴露、受到责怪。其实大多数人只是想开个玩笑，你乐我乐，并没有什么不好的用意，这也可能是短信息流行的另一个原因，让自己和别人放松。我接收到的短信息大部分都轻松有趣，顺口溜①、打油诗②之类的表达方式使短信息充满了轻松幽默，更有一些谐音词③令人忍俊不禁。我们年轻人都不想让生活太沉重，希望多一些无伤大雅的玩笑，短信息正好能满足人们的这一需求。

2 当然，手机短信息也存在着弊病：我们无法躲开一些无用甚至有害信息的骚扰。有一些被广为传送的短信息，说轻点儿，是句玩笑话；说重点儿，它不仅是一种骚扰，而且具有诱导犯罪的倾向。流行中的很多东西，都是既有利也有弊。我们所能做的就是让那些无用信息到我们这里为止，不再流传，不再去骚扰更多的人。

（选自《北京青年报》）

## 精　听 02-7

### 一 听全文录音，选择正确答案

1. 不少手机短信息发送者的心态是什么？

答案　C　猜猜我是谁

2.“我”接收到的短信息大部分是什么样的？

答案 A 轻松有趣

3. 短信息能满足人们什么样的需求？

答案 A 不想让生活太沉重，希望多一些无伤大雅的玩笑

4. 手机短信息的弊病是什么？

答案 C 可能让人们受到无用信息的骚扰

## 三 听全文录音，判断下列句子是否正确，并说明原因

答案 1. √ 2. √ 3. × 4. × 5. √

## 四 听句子，复述

1. 如果仅就方便快捷而言，打电话可能要比发送短信息来得更快些。
2. 短信息之所以受欢迎，是因为它除了不受时间和地点的限制外，还能带来一种心理上的愉快和喜悦。
3. 我们年轻人都不想让生活太沉重，希望多一些无伤大雅的玩笑，短信息正好能满足人们的这一需求。
4. 有一些被广为传送的短信息，说轻点儿，是句玩笑话；说重点儿，它不仅是一种骚扰，而且具有诱导犯罪的倾向。

## 五 听录音，填空，并简短概括你听到的内容

如果仅就方便快捷而言，打电话可能要比发送短信息来得更快些。短信息之所以受欢迎，是因为它除了不受时间和地点的限制外，还能带来一种心理上的愉快和喜悦。这种心理可能是一种创造性的，也可能是开个玩笑的恶作剧。社会心理学家指出，人可以从某些隐蔽的恶作剧里获得快乐。“猜猜我是谁”的心理是不少手机短信息发送者的“快乐”心态，因为发送者在幕后，尤其是那些通过网络发送的短信息，很难查到发送人，所以不用担心自己身份暴露、受到责怪。其实大多数人只是想开个玩笑，你乐我乐，并没有什么不好的用意，这也可能是短信息流行的另一个原因，让自己和别人放松。

# 泛听部分

## 课文（一） 02-9

说实话，我这个人有点儿保守，对新事物往往很抵触。当手机短信推出的时候，我只觉得它的出现的确让我的生活方便了许多，但是我对它不像很多人那么感兴趣。直到有一天，在公交车上看到的一幕，才彻底改变了我对手机短信的看法。

那天，我坐419路公交车回家的路上，身旁有两位聋哑小姑娘在用手语交流着。我不懂手语，但她们的交流方式感染了我，使我一直用好奇和尊重的目光看着她们。这时候，其中的一位小姑娘从包中拿出一个手机，用手指不停地按着按键。我有些诧异了，"聋哑人用手机能做什么呢？"出于好奇，我侧目看了一下她的手机。噢，她在发一条短信。从固定电话到传呼，再到手机，现代人真真切切地感受到了天涯咫尺间的感觉。而这一切对于聋哑人来说，还只是一个可望而不可即的梦。直到手机短信的出现，就像生活中的一次革命，他们终于可以体会实时交流的快乐，同时也免去了家人的一份挂念。

不知道，当初手机短信的设计者，是否曾将聋哑人列入顾客范围之中。总之，无论是有心还是无意，这种实实在在的方便已经改变了聋哑人的生活。仅从这一点而言，我们就应该向开发手机短信的科技工作者表示感谢！

（选自《北京青年报》）

## 课文（二） 02-11

我今年32岁，本来是一名领高薪的职业律师，去年开始转行做自由撰稿人。我对我现在的工作非常满意。一个原因是因为上班没有固定的时间，有时很迟，有时很早。心情好的时候，可以工作到深夜；心情不好的时候，就干脆放自己一天假。另一个原因是因为我上班不用跟人挤交通，也不用管外头天气是否恶劣。每天上班只要走几步路——顶多10步——就可以到“公司”。“步骤”是：起床洗脸刷牙，再从厕所走回房间，坐下，喝杯咖啡，开电源，然后开工。连衣服都不用换，还是穿着昨天的睡衣。总而言之，很自由。我的办公室很简单，只有一张桌子、一台计算机，以及打印机、传真机、手机。这在英文里头，叫“SOHO”，直译就是“单人操作家庭办公室”。说到这儿，我想您肯定已经猜出来了，没错，我就是眼下最时髦的“在家打工族”。虽然收入没有以前丰厚，而且不稳定，但是到现在，我都没后悔当初的选择。我现在工作非常自由，时间完全掌握在自己手里。我是自己的老板，有权选择要接什么样的工作、跟谁做、几时做、一天工作多少时间，收入也过得去。当然我买不起房子和车子，但为了生活的物质而牺牲生活的品质，我觉得根本划不来。

（选自《联合早报》）

## 练　习

02-12

### 听全文录音，选择正确答案

1. 说话人现在的职业是什么？　　答案　B　自由撰稿人
2. 他为什么喜欢现在的工作？　　答案　C　因为很自由
3. “SOHO”是什么意思？　　答案　A　自己在家办公
4. 说话人认为什么最重要？　　答案　C　生活的品质

# Lesson 3
# 北京，北京

## 精听部分

### 课文（一）03-3

女：好久没看见你了，你忙什么呢？

男：没忙什么，只是两年前我到北京打工去了。现在休假，回来看看父母。

女：北京对咱们外地人来说，可是个梦寐以求的地方呀！有什么感受吗？

男：感受可深了。当我随着人流慢慢走出火车站，又目睹另一批人拥挤着冲进去时，有种感觉十分强烈，就是北京真是一个来去匆匆的城市。恐怕谁也不能确切地说出在北京的外地人数目。坐在地铁上，我甚至都不知道身旁坐的有几个是北京人。

女：我在北京打工的朋友告诉我，在北京，月薪最高的往往是外地人。在他们公司，50%是外地人，20%是外国人，北京人只有30%。

男：由此可见，北京是一座充满希望和梦想的城市，是一个可以体现自己价值和潜力的地方。

女：在北京生活你习惯吗？

男：刚开始时有点儿不适应。北京太大，街道横横竖竖的，令人头晕，而且堵车特严重。北京天气太干燥，每天早上起床口干舌燥，必须要不时地喝水。吃的也不习惯。我的不适，也是那些在北京打工的年轻人曾经为之烦恼过的。

女：在北京打工有没有觉得孤独和寂寞的时候？

男：当然有。在北京，我一边考研[①]，一边打工。在这期间，我也苦恼过、困惑过、绝望过，但我从来没有屈服过。没钱了，一天就吃一顿饭。终于，我如愿以偿，以优秀的成绩考研成功，同时，也找到了几份称心的工作。这两年的生活经历让我变得更坚强、更乐观。

女：你真争气！我很钦佩你。

男：但这里面包含了多少委屈与辛酸呐。

女：跟你说实话，这一刹那，我突然感到了自己的脆弱和同你们的差距。成功可能真的属于你们这些勇敢者，而不是浪费生命的人。

（选自《北京青年报》）

## 精　听

03-4

### 一　听全文录音，选择正确答案

1. 这段对话发生在什么地方？　答案　C　男的的家乡
2. 女的她朋友的公司，什么人最多？　答案　A　外地人
3. 男的认为北京是一个什么样的城市？　答案　B　可以体现自己价值和潜力的城市
4. 在北京生活的经历让男的变得怎么样？　答案　C　坚强和乐观
5. 通过谈话，女的有什么感想？　答案　B　成功属于勇敢者

### 三　听全文录音，判断下列句子是否正确，并说明原因

答案　1. √　2. ×　3. ×　4. √　5. ×　6. √

### 四　听句子，复述

1. 恐怕谁也不能确切地说出在北京的外地人数目。坐在地铁上，我甚至都不知道身旁坐的有几个是北京人。
2. 由此可见，北京是一座充满希望和梦想的城市，是一个可以体现自己价值和潜力的地方。
3. 终于，我如愿以偿，以优秀的成绩考研成功，同时，也找到了几份称心的工作。
4. 这一刹那，我突然感到自己的脆弱和同你们的差距。成功可能真的属于你们这些勇

敢者，而不是浪费生命的人。

## 五　听录音，填空

女：在北京打工有没有觉得孤独和寂寞的时候？

男：当然有。在北京，我一边考研，一边打工。在这期间，我也苦恼过、困惑过、绝望过，但我从来没有屈服过。没钱了，一天就吃一顿饭。终于，我如愿以偿，以优秀的成绩考研成功，同时，也找到了几份称心的工作。这两年的生活经历让我变得更坚强、更乐观。

女：你真争气！我很钦佩你。

男：但这里面包含了多少委屈与辛酸呐。

女：跟你说实话，这一刹那，我突然感到了自己的脆弱和同你们的差距。成功可能真的属于你们这些勇敢者，而不是浪费生命的人。

## 课文（二）　03-6

*1* 对外地人来说，房租和交通是两笔相当大的开销。按规定外地人在北京不能买经济适用房[1]，而经济适用房价格比同类商品房[2]每平方米最少低一两千元，这意味着如果你想购买一个50平方米的小窝，就要比北京人多花5万～10万元。而且刚开始工作时，很难一下子拿出那么一大笔钱，所以只好租房。位置好的地方房租贵得要命，房租便宜的公寓位置又不好，而且条件也差。有一位外地小伙子在北京一家影视公司上班，很得老板的赏识，收入可观，月薪近万元，然而他在北城区租的一间60平方米的小屋每月就要2000元，而他说这还算便宜的。每天早上，他先乘公交车再倒地铁去上班，有时夜里加班到凌晨还得坐出租车回家，一个月交通费就花掉七八百元。

*2* 在网络连接世界的今天，城市界限日益淡化，对于在北京发展的外地人而言，户口已经不再重要，重要的是自己是否适合待在北京。现代人注重生活的质量，也更看重发展的机会。北京虽然不是遍地是钱，但发展机会要比别的地方多得多，只要有本事就能闯出一条路。在这一

点上，北京显示出它独特的魅力。因而尽管一开始就知道自己将要面对没有户口带来的种种不便，但为了实现自己的目标和价值，越来越多的人还是义无反顾地选择了北京。

（选自《北京青年报》）

## 精　听　03-7

### 一　听全文录音，选择正确答案

1. 按规定外地人在北京不能做什么？

答案　C　买经济适用房

2. 如果买50平方米的房子，外地人和北京人有什么差别？

答案　A　外地人比北京人多花5万～10万元

3. 课文中小伙子一个月的交通费是多少？

答案　C　七八百元

4. 对在北京的外地人来说，什么最重要？

答案　B　自己是否适合待在北京

5. 北京独特的魅力是什么？

答案　B　发展机会比别的地方多

### 三　听录音，填空

有一位外地小伙子在北京一家影视公司上班，很得老板的赏识，收入可观，月薪近万元，然而他在北城区租的一间60平方米的小屋每月就要2000元，而他说这还算便宜的。每天早上，他先乘公交车再倒地铁去上班，有时夜里加班到凌晨还得坐出租车回家，一个月交通费就花掉七八百元。在网络连接世界的今天，城市界限日益淡化，对于在北京发展的外地人而言，户口已经不再重要，重要的是自己是否适合待在北京。现代人注重生活的质量，也更看重发展的机会。北京虽然不是遍地是钱，但发展机会要比别的地方多得多，只要有本事就能闯出一条路。在这一点上，北京显示出它独特的魅力。因而尽管一开始就知道自己将要面对没有户口带来的种种不便，但为了实现自己的目标和价值，越来越多的人还是义无反顾地选择了北京。

## 泛听部分

### 课文（一） 03-9

男：小姐，请等一等。

女：干吗呀你？

男：刚才下车时，我看到地上有一个钱包，我估计是你丢的。

女：对，对，对，钱包是我的。我叫陈建平，夹层里有我的身份证，里面共有980元整！

男：我刚才不敢看你的钱包，现在我看看。里面真有这么多钱，看来，钱包真是你的。还给你吧。

女：谢谢你！小伙子，你刚捡到钱包时为什么不敢看？

男：我是从湖南来广东打工的，每个月才挣500多元钱。钱每个人都喜欢，而且你们广东人一般都很富有，如果我一捡到钱包就打开来看，我担心见到那么多钱，自己会受不了这个诱惑，不会将钱包还给你，所以我才不敢看呢！对了，刚才在车上我身上的汗臭味儿肯定让你难受，我在这儿说声对不起，干体力活儿的都这样。

女：刚才在车上，我的态度很不好，也请你多原谅。

（选自《南方都市报》）

### 课文（二） 03-11

据调查，外地劳动力大规模进入北京应该是20世纪80年代初的事，他们最先立足的行业是家庭保姆和建筑工人。因为这两个行业劳动强度大、时间长，城里人干不了或不愿意干，可市场需求却很大，而且这两个行业也不需要太多的技能。如今放眼望去，会发现我们身边到处都是外地人：环卫工人、流动小贩、农贸市场上卖菜的、建筑工地的工人，当然，许多知名企业的白领、中关村的计算机精英，乃至不少企业的老板也是外地人。不得不承认，京城许多行业已经被他们垄断了，离开他们，我们甚至会有寸步难行的感觉。尽管有一些外地人扰乱了京城治安，败坏了社会风气，但绝大多数外来人员还是为北京作出了巨大贡献的。北京是北京人的北京，更是全国人民的北京。北京正是在众多外地人的热情参与下一步步走向现代化、走进国际化大都市的行列的。

（选自搜狐网）

## 练　习

**听全文录音，判断下列句子是否正确**

答案　1. ×　2. √　3. ×　4. √　5. √

# Lesson 4
# 不要指望孩子成天才

## 精听部分

### 课文（一） 04-3

女：赵大夫，我女儿今年两岁了。自从有了孩子，我发现我的精神始终处于一种紧张状态。我总是拿女儿和别的孩子比，看她的发育是否正常。只要有一点儿不如人的地方，比如开始翻身的时间晚了一点儿，爬得不太快，出牙比别的孩子少，等等，我就担心得不得了。

男：这实在没有必要。实际上孩子发育有一定的规律和范围标准，孩子也是会有明显的个体差异的，只要在范围之内，早点儿、晚点儿都不是问题。本来不成问题的事，家长一紧张，反倒成了问题。宽松自然的氛围对孩子的心理、情绪有重要影响。孩子就怕大人太多的约束，父母和家庭气氛紧张还会让婴儿不安。

女：那您说我应该怎样做才能给孩子创造出一种宽松自然的氛围呢？

男：宽松自然表现为父母对孩子不勉强、不强迫，和孩子说话温和亲切；多用暗示、商量、勉励的口气，少用命令性的语言；不要总是指望孩子成为天才。要知道，人的发展相当程度是先天素质自然成熟的过程。对于这种与生俱来的"内在目的的追求"，后天的环境和教育的作用主要是创造条件，促其发展。成人尤其不能把自己的意志强加于孩子。

女：您的意思是说，要给孩子创造机会，让他通过自己的实践，主动探索，认识环境，发展能力。

男：没错。在以往的传统观念中，教育简单地说，就是一个“管”字。孩子从小在父母的“管护”下长大。我们可以观察一下周围的一些孩子：听话，像个小大人；模仿力强，创造性差；胆量较小，适应能力、动手能力差，至于克服困难的毅力和不怕失败的勇气则更不多见。

女：我明白了，受成人的干预少一些，孩子的创造力就会强一些。

男：是的，而且放手本身对孩子也是一种尊重。

（选自《婴儿画报》）

## 精　听　04-4

### 一　听全文录音，选择正确答案

1. 女的在什么情况下会非常担心？　答案　B　发现孩子发育不如别人时
2. 什么对孩子的心理、情绪有好处？　答案　B　宽松的氛围
3. 父母应该怎样和孩子说话？　答案　A　态度温和亲切
4. 在以往的观念中教育是什么？　答案　A　管孩子
5. 应该怎样培养孩子的创造力？　答案　B　让孩子自己实践、主动探索

### 三　听全文录音，判断下列句子是否正确，并说明原因

答案　1. √　2. √　3. √　4. ×　5. ×　6. √

### 四　听句子，复述

1. 只要有一点不如人的地方，比如开始翻身的时间晚了一点儿，爬得不太快，出牙比别的孩子少，等等，我就担心得不得了。
2. 本来不成问题的事，家长一紧张，反倒成了问题。
3. 人的发展相当程度是先天素质自然成熟的过程。
4. 成人尤其不能把自己的意志强加于孩子。
5. 这些孩子胆量较小，适应能力、动手能力差，至于克服困难的毅力和不怕失败的勇气则更不多见。

## 五 听录音，填空

1. 这实在没有必要。实际上孩子发育有一定的规律和范围标准，孩子也是会有明显的个体差异的。只要在范围之内，早点儿、晚点儿都不是问题。本来不成问题的事，家长一紧张，反倒成了问题。宽松自然的氛围对孩子的心理、情绪有重要影响。孩子就怕大人太多的约束，父母和家庭气氛紧张还会让婴儿不安。
2. 宽松自然表现为父母对孩子不勉强、不强迫，和孩子说话温和亲切；多用暗示、商量、勉励的口气，少用命令性的语言；不要总是指望孩子成为天才。要知道，人的发展相当程度是先天素质自然成熟的过程。对于这种与生俱来的"内在目的的追求"，后天的环境和教育的作用主要是创造条件，促其发展。成人尤其不能把自己的意志强加于孩子。
3. 在以往的传统观念中，教育简单地说，就是一个"管"字。孩子从小在父母的"管护"下长大。我们可以观察一下周围的一些孩子：听话，像个小大人；模仿力强，创造性差；胆量较小，适应能力、动手能力差，至于克服困难的毅力和不怕失败的勇气则更不多见。

## 课文（二） 04-6

在我们的周围，有些家长非常注重智力投资，让孩子学外语、练乐器、学画画儿，等等。这种父母一心要培养孩子出人头地，但他们忽视了一点：孩子是有潜在的能力，但孩子也有先天差异，兴趣是学习的动力。父母要善于观察，理解自己孩子的素质特点，因势利导，扬长避短，才能事半功倍，否则就是拔苗助长，有害无益。把自己的愿望、理想强加于孩子，是对孩子的不尊重。我读过一份有关少年大学生[①]的分析报告。报告说，不少少年大学生，主要是记忆力和理解力超常。他们可以考出好的成绩，但实践经验不足，科研和动手能力欠缺。而且由于孤芳自赏，自以为是，他们的心理承受能力差，成绩一滑坡[②]，就会失去信心。这就怪不得有人说，少年大学生是"大学生的智力、中学生的性格、小学生的脾气"。我们做父母的对此要有清醒的认识。对 3 岁以下的孩子不提倡竞争性强的活动，这不利于他们的心理和性格的发展。

今天的孩子，以后要面对未来高度文明、竞争激烈的社会，真正能够用来与他人竞争的并非学历，也不是专业知识，而是个人的教养、气质与创造开拓能力。

（选自《婴儿画报》）

## 精 听

04-7

### 一 听全文录音，选择正确答案

1. 有些家长非常注重什么？

答案 A 智力投资

2. 把自己的意志强加于孩子属于什么情况？

答案 C 拔苗助长

3. 有人说，少年大学生有什么特点？

答案 A 大学生的智力、中学生的性格、小学生的脾气

4. 什么样的孩子不应该进行竞争性强的活动？

答案 B 3岁以下的孩子

5. 一个人应该靠什么与别人竞争？

答案 C 个人的教养、气质与创造开拓能力

### 三 听全文录音，判断下列句子是否正确，并说明原因

1. √ 2. √ 3. × 4. × 5. √

### 四 听句子，复述

1. 孩子是有潜在的能力，但孩子也有先天差异，兴趣是学习的动力。
2. 父母要善于观察，理解自己孩子的素质特点，因势利导，扬长避短，才能事半功倍，否则就是拔苗助长，有害无益。
3. 父母把自己的愿望、理想强加于孩子，是对孩子的不尊重。
4. 今天的孩子，以后要面对未来高度文明、竞争激烈的社会，真正能够用来与他人竞争的并非学历，也不是专业知识，而是个人的教养、气质与创造开拓能力。

## 泛听部分

### 课文（一） 04-9

妻子：小刘，咱家宝贝女儿眼看就要满月了，可这名字还没起好呢，你怎么一点儿也不着急呀？

丈夫：谁说我不急？《现代汉语词典》和《辞海》都快被我翻烂了。

妻子：那你去《诗经》、《唐诗三百首》里去找找灵感。

丈夫：你以为我没做呀？看了这么多书，我发现意思好的字都被人用滥了，如果挑好意思，肯定会跟人重名；如果不想跟人重名，那名字肯定意思不好，或者特拗口，或者笔画多。你说，咱以什么为原则？

妻子：我觉得咱家宝贝的名字应该要有寓意而且不大众化，还要尽量避免与人重名。

丈夫：那还是你来起吧，我已经江郎才尽了。

妻子：古人云“见贤思齐”，刘思齐，好不好？

丈夫：不行，“死棋”怎么走？

妻子：刘思宇，宇宙的宇。

丈夫：不行，“死鱼”有什么好！

妻子：刘如玉，如花似玉，多美！

丈夫：呸呸！都“入狱”了，美什么美！

妻子：我想到了，宝宝是我们的幸运宝宝，是最好的，咱们希望她一切美好，就叫“刘瑞琪”吧，“瑞”和“琪”都是带斜玉旁（注：即“𤣩”）的，都有如意的意思。

丈夫：这个名字的意思和声音都挺好的，可是我们同事的女儿就叫“王瑞琪”。

妻子：那可怎么办呢？

（选自好孩子网站）

## 课文（二） 04-11

父爱与母爱在家庭教育中有着同等的作用，父爱所给予孩子的坚强、刚毅、大度、宽容、幽默等心理影响，是母爱所不能替代的。比如，孩子每次考试结束后，母亲关心的往往是分数，是孩子在班里的名次；父亲关心的则是孩子的考试水平，有没有受到紧张心理影响。孩子考得不理想时，母亲常常要孩子缩减游戏活动时间，将精力更多地投入到功课上；父亲则建议孩子暂时通过游戏来释放自己沮丧的情绪，反而能取得较好的效果。再如，跟父亲亲近的孩子一般懂得对别人的隐私敬而远之，认为好孩子不该“嘴巴长”；相反，一些在素质不高的“姨妈”堆里长大的孩子，往往从小就成了“家长里短的传声筒”，这种坏毛病，很可能对他日后的交友及信用产生坏影响。据一项对儿童的测验表明：从小受父亲影响的孩子，一般都自信、幽默、承受挫折能力强。可见，在一个正常的家庭里，父亲与母亲的教育方式虽各有风格，但却不能否认在儿女成长中都有巨大作用。因此，在家庭教育的舞台上，不能只让孩子唱“世上只有妈妈好”，还应该让他们大声唱“世上爸爸也很好”。

（选自好孩子网站）

# Lesson 5
# 当你面对婚前财产公证

## 精听部分

### 课文 05-4

男：王小姐，您好！我是《生活日报》的记者。首先，我要恭喜您，祝您新婚幸福！

女：谢谢！

男：我听说您在结婚前办理了婚前财产公证，是真的吗？

女：有这么回事。

男：有些人对办理婚前财产公证很反感。他们说两个人是因为相爱才结婚的，既然生活在一起，财产当然也要共用，何必分得那么清楚呢？对这个问题，您是如何考虑的？

女：我认为这种想法太传统了。其实婚前财产公证是对婚姻、家庭的一种保护措施。当感情不复存在的时候，婚前财产公证是最有效的法律证明。现代人都在追求人格的平等和独立，那么在财产方面要求独立又有何不可呢？随着社会的发展和人们生活水平的提高，现在百万富翁也不少见，有一些人就是看上了对方的钱才会结婚的，而婚前进行财产公证，可以在一定程度上避免那种以金钱、财产为目的的婚姻。

男：可是，毕竟“傍大款[①]”的现象在庞大的结婚队伍里仅仅是个别的。有人认为如果大家都去作什么婚前财产公证，那人与人之间不就全都是金钱关系了吗？他们认为这是一种倒退。

女：我是这样认为的：现代家庭应该更加理性化、法制化，婚前财产公证和真诚相爱一样是婚姻关系的支柱。当今社会是一个快速发展、不断变化的社会，谁也不能对自己的未来作出准确的预测，谁也不能保证自己的婚姻可以完全抵御住外界的冲击。现代社会对离婚的认识越来越理性了，但由于财产纠纷等问题，“好离好散”多不能如愿以偿。近几年咱们国家的离婚案每年以9.08%的速度递增，而离婚时大部分都涉及财产纠纷。何必呢？假如婚前作了财产公证，这些都是可以避免的。

男：您和先生办理婚前财产公证，有没有担心它会影响你们两人婚后的感情？

女：没有。在这个问题上我们的看法比较一致。其实，婚前财产公证只是一种法律手段，一个人只有对自己负责，才能对家庭和社会负责。婚姻关系的维系主要取决于双方是否相爱，一旦这种对对方的爱不存在了，那婚姻也就该结束了。这与婚前财产公证没有必然联系。所以，对婚前财产公证要有一个正确的认识，如果你认定它会影响婚后感情，那么，这种想法就必然始终伴随着你，直至婚姻解体。假如你以理性的态度来对待它，它就丝毫不会对你的婚姻质量产生影响。

男：您和您先生，是谁先提出来要办理婚前财产公证的？

女：他先提出来的，我没有反对。婚前财产公证可以说是一个社会文明的标志，可以减少很多纠纷。恋人可以名正言顺地提出来，不必有心理负担。

男：或许从法律上规定这是双方共同的义务，恋人间的猜疑就无从产生了。

女：我同意你的看法。

（选自《法制日报》）

## 预 听 05-3

### 四 听录音，填空

1. 对人格尊严的法律保护越来越受到重视。
2. 老年用品需求市场日渐庞大。
3. 大家一致认为，山美、水美的地方，人肯定美。
4. 实际上有约超过一半的人对养宠物这一行为表示反感。
5. 我们要使高科技产业尽快成为首都经济的支柱。
6. 有迹象表明，良好的营养状况可以提高机体抵御这种疾病的能力。
7. 你们公司已经正式注册了，可以名正言顺地做广告宣传了。
8. 美国 IT 产业冲击着传统大学教育。
9. 国产手机在与国外手机的竞争中能否取胜，取决于产品的质量和创意。
10. 大宇集团已于去年 11 月宣布解体。
11. 谎言一旦成了家常便饭，那么即使是善意的小谎也会助长猜疑和不信任的气氛。
12. 绝大多数青年都能自觉培养起科学的、理性的生活态度和方式。
13. 在购房过程中，由于房屋面积而引起的纠纷不少。
14. 在北京的彩票市场中，公证问题一直颇受彩民关注。

### 五 听句子，选择能准确表达所听内容的答案

1. 既然两个人生活在一起，财产当然也要共用，何必分得那么清楚呢？

答案 B 因为两个人生活在一起，所以财产应该共用，不用分清楚

2. 现代人都在追求人格的平等和独立，那么在财产方面要求独立又有何不可呢？

答案 C 现代人可以要求财产的独立

3. 婚前进行财产公证，可以在一定程度上避免那种以金钱、财产为目的的婚姻。

答案 A 办理婚前财产公证不能完全避免以金钱和财产为目的的婚姻

4. 婚姻关系的维系主要取决于双方是否相爱，一旦这种对对方的爱不存在了，那婚姻也就该结束了。

答案 C 婚姻关系中最重要的是双方是否相爱，如果这种对对方的爱消失了，人们就该离婚了

## 精 听 05-5

### 一 听全文录音，选择正确答案

1. 这段对话中，男的为什么和女的说话？

答案 C 因为他想采访女的

2. 女的有什么与众不同之处？

答案 B 她在结婚前办理了婚前财产公证

3. 女的办理婚前财产公证的主要原因是什么？

答案 A 因为婚前财产公证是对婚姻、家庭的一种保护措施

4. 女的认为应该用什么样的态度来对待婚前财产公证？

答案 A 用理性的态度

5. 女的同意男的提的什么意见？

答案 B 可以用法律手段规定必须办理婚前财产公证

### 三 听全文录音，判断下列句子是否正确，并说明原因

答案 1. × 2. × 3. × 4. √ 5. √
6. × 7. √ 8. √ 9. × 10. ×

### 四 听句子，复述

1. 既然两个人生活在一起，财产当然也要共用，何必分得那么清楚呢？
2. 现代人都在追求人格的平等和独立，那么在财产方面要求独立又有何不可呢？
3. 婚前进行财产公证，可以在一定程度上避免那种以金钱、财产为目的的婚姻。
4. 可是，毕竟“傍大款”的现象在庞大的结婚队伍里仅仅是个别的。
5. 当今社会是一个快速发展、不断变化的社会，谁也不能对自己的未来作出准确的预测，谁也不能保证自己的婚姻可以完全抵御住外界的冲击。
6. 婚姻关系的维系主要取决于双方是否相爱，一旦这种对对方的爱不存在了，那婚姻也就该结束了。

### 五 听录音，填空

女：我认为这种想法太传统了。其实婚前财产公证是对婚姻、家庭的一种保护措施。当感情不复存在的时候，婚前财产公证是最有效的法律证明。现代人都在追求人格的平等和独立，那么在财产方面要求独立又有何不可呢？随着社会的发展和人

们生活水平的提高，现在百万富翁也不少见，有一些人就是看上了对方的钱才会结婚的，而婚前进行财产公证，可以在一定程度上避免那种以金钱、财产为目的的婚姻。

男：可是，毕竟“傍大款”的现象在庞大的结婚队伍里仅仅是个别的。有人认为如果大家都去作什么婚前财产公证，那人与人之间不就全都是金钱关系了吗？他们认为这是一种倒退。

女：我是这样认为的：现代家庭应该更加理性化、法制化，婚前财产公证和真诚相爱一样是婚姻关系的支柱。当今社会是一个快速发展、不断变化的社会，谁也不能对自己的未来作出准确的预测，谁也不能保证自己的婚姻可以完全抵御住外界的冲击。现代社会对离婚的认识越来越理性了，但由于财产纠纷等问题，“好离好散”多不能如愿以偿。近几年咱们国家的离婚案每年以9.08%的速度递增，而离婚时大部分都涉及财产纠纷。何必呢？假如婚前作了财产公证，这些都是可以避免的。

## 泛听部分

### 课文（一） 05-7

男：于法官，您在法院工作好多年了，我听说过一个数字，就是您亲手断的有关婚姻的案子就有2000多起，请您给我们讲讲您眼里的婚姻。

女：不知道这样理解对不对，我觉得婚姻就像一棵树一样。这棵树你要让它常青你必须不断地浇水、施肥，这个水不能太多，太多就淹死了，你要施肥太多就烧了，所以婚姻的艺术是很要紧的。

男：这是您的一个观点，婚姻像一棵树，还有吗？

女：有一句话说婚姻就像鞋一样，听着好像挺不好听的，怎么像鞋一样？实际上真有道理，你就想吧，这个鞋合适不合适只有你自己知道，只有你自己认为适合，是挺要紧的。另外，这个鞋你穿的时候也有个磨合过程，你买双新鞋刚穿上时绝对不舒服，得慢慢磨合，这个磨合是很要紧的。

男：现在听到您两个观点了：婚姻像一棵树，婚姻像一双鞋。还像什么呢？

女：我觉得，不知道对不对，婚姻其实还像个房子，就是我们住的房子。这个房子如果好的话就只需要修补，就是我们讲的调解，比如窗户坏了、哪儿破了我们去修补，就不必给它拆掉；可这个房子一旦要塌的话那只有拆掉，不拆掉就要砸死人。

（选自《实话实说》栏目）

## 课文（二） 05-9

主持人：我注意到，你们两个人刚才有一些动作，说话的时候互相会摸摸对方的胳膊、手，我觉得这是一个非常好的交流。你们两个人在生活中正像小岳说的是一种互补型的夫妻。小吴是比较内向、比较稳、比较内秀的，小岳比较外向、比较大大咧咧。小吴，你用你的内秀创造出什么浪漫没有？

妻　子：我觉得他创造的浪漫挺多的，他属于挺浪漫的那种男人。你看这次过情人节，我正好演出。他那天去看我，演出完我刚一上车，他从车里拿出一枝玫瑰花，我当时觉得心里“咯噔”一下，我觉得这样的老公真是很好。有一次，他到云南拍戏，其实他回来了，但他没告诉我，我打电话问他什么时候回来，他说这两天就回去。结果下午两点多他敲门，我一开门，他抱着一个巨大的箱子，说送给我的，我打开箱子一看全是“勿忘我”，那种紫色的花。他知道我喜欢鲜花，什么都没带，就从云南带着这个装满花的箱子回来。我当时特别感动。

丈　夫：在家里边做事的时候她老批评我，她说，你这人做事太慢太

“笨”，就给我起了一个名字叫“竹本”。上次她演出，本来说好我要去看的，但正好我在排戏，没有时间，我就给我的一个朋友打电话，我说：“你今天抽空儿给我订一束鲜花送到后台，你写上‘祝演出成功！竹本先生’就行了。”后来我打电话问他，他说已经全部办好了。

妻　子：特别有意思，因为跟他开了玩笑后就忘了竹本先生这回事了，那两天正好团里来了一些日本人，那个人把鲜花送来以后，我想这可能是那几个日本人送给我的。我还给他打了一个电话，我说：“小吴，有人送给我一束鲜花，好像是日本人，但这‘竹本’怎么听着那么熟？”他就哈哈笑了，他说，“你再好好想想。”过了一会儿，我也哈哈笑了。反正他经常做这样的事，有的时候挺让我感到意外的，有的时候真有仍在恋爱的那种感觉。

（选自《北京青年报》）

## 练　习　05-10

### 听全文录音，选择正确答案

1. 小吴和小岳是什么关系？　答案　B　夫妻
2. 谁的性格比较内秀？　答案　A　小吴
3. 什么事情让女的特别感动？　答案　B　小吴出差回来带给她一箱子勿忘我花
4. “竹本先生”是谁？　答案　C　小吴
5. 这段对话要说明什么？　答案　C　小吴常做一些很浪漫的事

# 单元测试一（1~5课） Test 01

## 一 听句子，选择正确答案

1. 在以后的时间里，我们共同探讨了每个人的过去、现在和未来，我的面前就像打开了一扇扇窗户，每扇窗户都是一处风景，让我非常感慨。

问：在探讨每个人的过去、现在和未来时，“我”有什么收获？

答案 C “我”看到了很多人的内心世界

2. 两个人是因为相爱才结婚的。既然生活在一起，财产当然也要共用，何必分得那么清楚呢？

问：这句话是什么意思？

答案 C 因为两个人生活在一起，所以财产不用分清楚

3. 如果你认定婚前财产公证会影响婚后感情，那么这种想法就必然始终伴随着你，直至婚姻解体。假如你以理性的态度来对待它，它就丝毫不会对你的婚姻质量产生影响。

问：说话人想说明什么问题？

答案 A 对婚前财产公证要有一个正确的认识

4. 如果仅就方便快捷而言，打电话可能要比发送短信息来得更快些。

问：这句话是什么意思？

答案 B 打电话比发送短信息更方便快捷

5. 今天的孩子，以后真正能够用来与他人竞争的并非学历，也不是专业知识，而是个人的教养、气质与创造开拓能力。

问：今后孩子们靠什么去参加竞争？

答案 C 个人的教养、气质与创造开拓能力

6. 父母要善于观察，理解自己孩子的素质特点，因势利导，扬长避短，才能事半功倍，否则就是拔苗助长，有害无益。

问：父母应怎样对待孩子？

答案 A 因势利导，扬长避短

7. 且不说在客人面前，就是和朋友们在一起也不能像你这么随便吧？

问：说话人是什么意思？

答案　C　你不能和客人太随便

8. 这个学生不只口才好，动手能力还特别强，这次活动中有优秀的表现。

问：说话人觉得这个学生怎么样？

答案　A　这个学生能说会做

9. 如果他开的那个玩笑无伤大雅，我才不会责怪他呢。

问：这个玩笑怎么样？

答案　C　他开的玩笑有点儿过分

10. 一年一眨眼就过去了，明天我就要回国了，真有点儿依依不舍。

问：说话人想表达什么意思？

答案　B　时间过得真快

## 二 听录音，填空

1. 我们的学生在学校的时候需要<u>宽松的气氛</u>、有趣的活动、善意的沟通和<u>热情的夸奖</u>。
2. 它不只<u>扼杀了孩子们的天真</u>，也正在一步步地将我们自己逼向失望和疲惫的境地。
3. 毕竟“傍大款”的现象<u>在庞大的结婚队伍里</u>仅仅是个别的。
4. 谁也不能保证自己的婚姻<u>可以完全抵御住外界的冲击</u>。
5. 自从进入 21 世纪，用手机<u>随心所欲地发送和接收短信息</u>已经成为一种文化时尚。
6. 有一些被广为传送的短信息，说轻点儿，是句玩笑话；说重点儿，它不仅是一种骚扰，而且<u>具有诱导犯罪的倾向</u>。
7. 北京是一座充满希望和梦想的城市，是一个可以<u>体现自己价值和潜力的地方</u>。
8. 对外地人来说，房租和交通是<u>两笔相当大的开销</u>。
9. 对于这种与生俱来的“内在目的的追求”，<u>后天的环境和教育的作用</u>主要是创造条件，促其发展。
10. 孩子是有潜在的能力，但<u>孩子也有先天差异</u>，兴趣是学习的动力。

## 三 听录音，选择正确答案

1~3 题是根据下面一段话——

没有人能确切地说出中关村有多少人在干 IT，因为这个数字整天在变，变得跟纳斯达克股市一样让人摸不着头脑。虽然从正规的统计数字来看，在中关村高科技园区就业的人员中北京人占了大部分，但这个统计显然没有计算到大量没有办理暂住证和用工手续的非北京户口打工者，而这些劳动力在中关村绝不是一个小比例群体。中关村是一个制造梦想的地方，也是体现人的价值和潜力的地方。这里几乎是中国高科技的代表，这里也和其他地方一样每天上演着外地打工者的困惑。虽然 IT 人可能正享受着高工资，但他们面临的压力也是其他行业所不能想象的。在中关村，几乎所有的企业都加班。一个很常见的说法是：到了下班时间，如果有人正点离开，这个人不是准备跳槽了，就是神经出了问题。中秋节是团圆的时候，这些 IT 精英们怎样过节？一个人吃着越吃越孤独的月饼，一个人住在高价租来的公寓里，这种滋味对每个在中关村的外地打工者来说，都绝不是一种享受。

1. 为什么没有人能确切地说出在中关村工作的 IT 精英人数？

答案　B　因为人才流动很厉害

2. 中关村是一个什么样的地方？

答案　B　是一个高科技园区

3. 下面这些对中关村的外地打工者的描述中，哪种不正确？

答案　A　每天演节目

4~7 题是根据下面一段对话——

男：虽然是刚开学，我们班好多学生都打不起精神来。我一了解才知道，暑假期间，这些孩子谁也没闲着，都参加辅导班去了。

女：我们班的情况也差不多，最多的一个上了 20 种。他说都是他妈妈给他报的名，每天别说玩儿点儿什么，就是吃饭睡觉都得找时间。

男：他妈妈是典型的望子成龙心态，把自己的理想和目标都强加到孩子的身上，根本不考虑孩子的兴趣和感受。

女：像这样的家长还为数不少呢。

男：他们只顾培养孩子，想让孩子都成为天才，忽视了孩子现在正是身心需要健康发展的时期。如果占用孩子的休息时间逼着他们去上各种辅导班，孩子就会不堪重负，甚至会累趴下。结果会适得其反。

女：其实我比较理解这些家长的心情。现在竞争太激烈了，如果现在心疼孩子，将来孩子在社会的竞争中就可能会处于不利的地位。

男：如果负担加得太多，使孩子对学习失去了兴趣，那样的话，就弊大于利了。

4. 这两个人的身份是什么?

答案　B　教师

5. 这段谈话发生在什么时候?

答案　A　新学期刚开始

6. 学生们为什么打不起精神?

答案　B　因为他们假期没有休息好

7. 女的如何看待家长们的做法?

答案　C　认为他们这样做有一定的道理，可以理解

8~10 题是根据下面一段对话——

男：问女性的年龄好像有点儿不礼貌。你方便告诉大家吗?或者我猜一下，猜对了你点头，好吗?

女：没问题。

男：你这个二年级的学生有三十五六岁?

女：差不多。

男：能不能给我们的听众简单介绍一下你上学以前的经历?

女：我的老家在四川。小的时候，我只上过一年小学。之所以退学，不是因为家里经济有困难，而是因为我们家孩子太多，我得帮父母照看弟弟妹妹。18 岁后，我跟朋友一起来北京打工。

男：我听说你打工的时候是一个非常勤快的服务员。你的同事都很钦佩你工作时的那种努力、认真劲儿，你的老板也很赏识你。

女：那会儿刚从农村来到这个大都市，我觉得最起码我在北京了。哪怕让我扫大街，也比种地强多了，轻松多了。所以没感觉什么累，也没感觉什么脏。

男：在餐厅打工时认识了你现在的老公，然后就幸福地结了婚，后来又有了孩子，变成了一个居家太太，生活轻松、悠闲。怎么又想起来去上小学呢?

女：在家里就是看孩子、做家务、做饭，感觉特别闲，老想出去工作。爱人整天养活我跟孩子，我良心上总觉得过不去，挺委屈的。后来决定先去上学，主要是为了辅导孩子。另一个原因是为了提高自己的素质，多学点儿知识，以便将来找一个好工作。

男：其实成年人读书不一定要去小学。你完全可以请家教或者上成人的学校。你为什么想去普通的小学上课呢?

女：因为我只上过一年小学，要上成人学校一点儿基础都没有，肯定学不了。此外，我也担心人家不愿意接收我。

8. 女的现在是什么身份？

答案　A　小学生

9. 女的小时候为什么没上学？

答案　B　因为得帮父母照看弟弟妹妹

10. 女的现在去上学的主要原因是什么？

答案　A　为了辅导孩子

# 6 Lesson 6
# 让老人住养老院就是不孝吗

## 精听部分

### 课文 06-4

主持人（女）：

据报道，在政府的鼓励下，广东省的养老院数量近两年增加很快，竞争也日趋激烈，养老院之间甚至打起了价格战。但社会上有一种看法，认为让老人去住养老院是子女不孝顺。今天我们把大家请到这里来，就是想听听各位对这个问题的看法。

男嘉宾 1：

人口老龄化已经是当今社会的一个突出问题，老人如何安度晚年，这个问题也是千千万万的家庭无法回避的。现代人工作紧张，生存压力大，要他们下班后再尽心照料老小肯定是力不从心的。如今，吃饭可以下馆子[1]，衣服可以送去洗衣店洗，小孩有学校照管，这一切以前都是家庭的主营“业务”，现在都已经社会化了，为什么就不能让老人上养老院呢？进养老院不意味着老人就要吃苦头，也不是说子女就不孝顺。我觉得在家里，即使有安定的物质生活，老人也难免会感到孤独和失落。所以如果养老院的硬件[2]和软件[3]各方面都让人满意，安排老人住进去应该是件大好事。

女嘉宾 1：

我认为孝与不孝，不在于是否让老人待在家里或者入住养老院。住哪里只是形式上的事情，而不是问题的实质。每个家庭都有不同的背景和具体情况，老人怎么过要视具体情况而定，不能一概而论。但前提是一定要对老人真正爱护。如果家中不能给予老人周到的照顾，与其让老人待在家中孤单寂寞，不如把老人送进养老院。在这种情况下，入住养老院非但不是不孝，还是大孝。不孝的人，即使他让老人住在家中，也只是做给别人看，只会苦了老人。所以我认为，孝与否，重在实质。只要让老人心情开朗，健康长寿，就是最好的孝心了。

男嘉宾 2：

养老院应运而生，是社会生产力发展、经济繁荣进步的一个体现。在那里，老人不仅可以享受到很好的医疗保健服务，还有许多文体设施可以供老人健身、娱乐，而且老人们住在一起更亲近。所以，住养老院对老人而言也不失为理智的选择。但话又说回来，现在社会整体福利保险事业在体制方面还不够健全，各家各户家庭收入又千差万别，老人是否入住养老院，要视个人和家庭的情况而定，不应强求千篇一律。比如家中有能力雇请专职护理员的，老人有自理生活能力的，老夫妇双双健康、可以互相照顾的，还有那些社区人缘基础较好的人，就不一定非让他们入住养老院不可。

（选自《深圳商报》）

## 预　听

06-3

### 四　听录音，填空

1. 每个人都希望能有健康平安的一生，但意外总是难免的。
2. 专家指出，年轻人睡眠问题日趋严重。
3. 希望北京不断向全国和全世界人民展现经济繁荣、管理先进、环境优美、社会安定的新风貌。
4. 我们不妨看一下这个结论的前提条件。
5. 我每拍完一部电影都会感到很失落，因为总是有很多精彩的想法不能在电影中实现。

6. 目前各学校的体育设施超过全市总量的60%。

7. 尽快建立健全社会保障体系，涉及每个人的幸福、每个家庭的稳定。

8. 这些模特的照片，看似千篇一律，其实张张都有不同之处。

9. 他是一个活泼开朗的乐天派，浑身充满了青春气息。

10. 幸福对我而言就是妻子的贤淑、温柔，孩子的孝顺、体贴。

11. 民政部启动了"星光计划"，三年之内将有100亿元用于建设老年福利设施。

12. WTO的实质无非是要求参与各方适应一套建立在市场经济体制基础上的规则。

13. 人们总是自觉不自觉地回避许多关于悲伤、失意的记忆。

14. 保险和担保哪个更合算，不能一概而论。

15. 在这种压力下，他实在是感到有些力不从心。

16. 对于一直寻求长寿秘诀的人类来说，还有一个更好的消息。

17. 越来越多的大学毕业生找工作时把物质利益放在第一位。

## 五 听句子，选择能准确表达所听内容的答案

1. 进养老院不意味着老人就要吃苦头，也不是说子女就不孝顺。

答案 C 送老人进养老院不代表老人要吃苦头和子女不孝顺

2. 即使有安定的物质生活，老人也难免会感到孤独和失落。

答案 A 物质生活没有困难，老人也可能会感到孤独和失落

3. 如果家中不能给予老人周到的照顾，与其让老人待在家中孤单寂寞，不如把老人送进养老院。

答案 B 如果家中不能照顾好老人，最好送老人去养老院

4. 在这种情况下，入住养老院非但不是不孝，还是大孝。

答案 B 在这种情况下，入住养老院就是非常孝顺

## 精 听 06-5

## 一 听全文录音，选择正确答案

1. 当今社会的一个突出问题是什么？

答案 B 人口老龄化

2. 怎样才能判断子女是否孝顺？

答案 C 看子女是否对老人真正爱护

3. 现在社会福利保险事业存在什么问题?

答案 A 在体制方面还不够健全

4. 什么样的老人住养老院比较好?

答案 B 不能自理而家中无力照顾的老人

## 三 听全文录音，判断下列句子是否正确，并说明原因

答案 1. × 2. √ 3. × 4. × 5. × 6. √ 7. ×

## 四 听录音，填空

1. 人口老龄化已经是当今社会的一个突出问题，老人如何安度晚年也是千千万万的家庭无法回避的。现代人工作紧张，生存压力大，要他们下班后再尽心照料老小肯定是力不从心的。如今，吃饭可以下馆子，衣服可以送去洗衣店洗，小孩有学校照管，这一切以前都是家庭的主营“业务”，现在都已经社会化了，为什么就不能让老人上养老院呢？进养老院不意味着老人就要吃苦头，也不是说子女就不孝顺。我觉得在家里，即使有安定的物质生活，老人也难免会感到孤独和失落。所以如果养老院的硬件和软件各方面都让人满意，安排老人住进去应该是件大好事。
2. 养老院应运而生，是社会生产力发展、经济繁荣进步的一个体现。在那里，老人不仅可以享受到很好的医疗保健服务，还有许多文体设施可以供老人健身、娱乐，而且老人们住在一起更亲近。所以，住养老院对老人而言也不失为理智的选择。但话又说回来，现在社会整体福利保险事业在体制方面还不够健全，各家各户家庭收入又千差万别，老人是否入住养老院，要视个人和家庭的情况而定，不应强求千篇一律。比如家中有能力雇请专职护理员的，老人有自理生活能力的，老夫妇双双健康、可以互相照顾的，还有那些社区人缘基础较好的人，就不一定非让他们入住养老院不可。

## 泛听部分

### 课文（一） 06-7

主持人：据青岛市社会养老需求情况调查，有10.5%的老年人选择了入住养老机构的养老方式，据统计，青岛市区约有2.5万人想入住养老机构。今天我们请来了几位已经入住养老院的老人，请他们谈谈他们住养老院的理由和他们现在的生活。

朱大爷：我老伴去世后我就与小儿子住在一起。我的身体不好，手脚不利索，上下台阶很吃力，平日不敢独自外出，生怕出意外。白天，儿子、儿媳上班，孙子上学，剩下自己孤零零的，烦闷时，顶多走到阳台上，看看窗外的风景。儿女虽然挺孝顺，可我总觉得生活中少了些什么。我是从报纸上看到有老年公寓的。在家独居时，总觉得自己老了，到这儿一看，我还是个小老弟，仔细品味生活，觉得越活越年轻。因为腿脚不好，我住在一楼，到室外活动就方便多了。儿女们每周都带着孩子来看我，虽是离家养老，却一样感受到儿孙绕膝的天伦之乐，春节时把两个儿子的家人都叫来，在公寓过年。现在公寓就是我的家，住进公寓，改变了我的生活，焕发了我的活力，日子过得温馨、充实而富有情趣。

徐大爷：我退休前在哈尔滨工作，但我是山东人，对山东很有感情，心想退休之后一定要回山东定居，常言道落叶归根嘛。退休后，我和老伴到全国各地转了一圈，先后到过北京、上海、厦门、西安以及山东的济南、烟台、威海等地，我们要选择一个退休后的家。最后我们一起住进青岛的一个养老院。因为那里夏天不太热，冬天不太冷，很理想。忙了一辈子，到老了才真正有了自己可以支配的时间，也不用为工作操心了，也不用为儿女操心了，一身轻松，此时不乐，更待何时？平日里我们打打麻将，玩玩扑克，或者到健身房锻炼身体，天气好的时候结伴远足，看看风景，看看山水，日子过得快活潇洒。

于大妈：我们老两口每月退休金不低，生活得不错，家里也请了保姆。家务活虽不用干了，但心还得自己操。每天买什么菜、做什么饭都得自己打算，生活琐事有操不完的心，子女也免不了跟着操心。住到老年人公寓，真是找到了一个“全能保姆”，衣、食、住、行、医，什么都不用自己操心了。这不仅使我感到安全、轻松，也使子女少了许多负担。生活琐事一概不用自己操持，洗衣、做饭、打扫卫生都由工作人员做了，剩下的，就是好好享受每一天的生活。

（选自青岛老年网）

## 练　习

06-8

### 听全文录音，选择正确答案

1. 第一位发言的老人为什么住养老院？

答案　C　因为他觉得有点儿孤独

2. 第二位老人住养老院主要是因为什么？

答案　B　因为想自己支配时间

3. 第三位老人认为住养老院有什么好处？

答案　B　不用操心生活上的事情

## 课文（二）

06-10

在许多人眼里，解决独居老人种种生活问题的最好方法就是进养老院。但是，像许多独居老人一样，赵大爷拒绝住进养老院，他认为多年来自己已经形成了固定的生活方式，不愿再把自己融入一个陌生的群体之中，他宁肯独守“空巢”。还有许多老人认为养老院就是孤老院，中华几千年家的观念，致使他们无法走出自己孤独的“家”，去接受一个“孤老”的名称。无子女者尚且如此，有子女的就更怕给子女一个“不孝”的骂名。

对此，曾系统研究过老年人问题的董之鹰博士指出，现在我国的养老机构还存在很多问题。首先是托老所、社会福利院、养老院等机构费用太高。目前养老机构的收费，较低档的每月约在400元至500元，中档约为1500元，高档的约3000元甚至更高，对很多老人来说，经济负担太重，有的老人根本就承担不起。再则，老人所需要的是代际也就是上一代与下一代或再下一代等不同辈的人之间的交流，而这是“群居”的老人堆里所没有的。此外，尽管现在的养老机构数量倒是不少，每个街道办事处都有自己下属的养老院，但质量参差不齐，甚至有的还以营利为目的，福利性不够，服务员素质差，伙食水平低劣，倒不如在家里过得舒服。因此，老人们对这些机构并不青睐，即使住进去了，也是迫不得已，很少有自愿的。

# Lesson 7
# 拾金不昧该不该要回报

## 精听部分

### 课文 07-4

主持人：前几天，有位任先生把手机丢在了一辆出租车上。司机发现后，用拾到的手机和失主尽快取得了联系。几天以后，任先生来到司机家中，取走了手机。同时他还送给司机一个装有人民币1000元的信封作为报答。张女士，您认为任先生的这种做法有必要吗？

张女士：我认为还是很有必要的。这件事使我想到了孔子的一个故事。孔子的一个学生曾经救过一个人，为了表示感谢，被救的人给了他一头牛。牛在当时比现在的一辆出租车还贵。孔子的这个学生收下了，可是其他学生批评他，说他在别人遇到危险的时候救人对，但收别人东西就不对了。孔子听说后却认为收得对。他说，一旦接受了人家的礼物，也就是回报，或者叫报答，就意味着今后更多遇到危险的人可能获救。收多少钱、多少物姑且不论，但从社会效果来看，是大家都有好处，所以我觉得应该收。

主持人：请问郑先生，您是否赞同张女士的观点？

郑先生：坦白地讲，我不赞同张女士的观点。我觉得拾金不昧是中国一个很古老的传统美德。如果捡了东西还给人家，失主应该对还东西的人进行人格上的赞美或者是感到钦佩。如果给东西就好像是对这种美德的一种讽刺，而接受回报的行为也好像是对这种美德的一种背叛。我们都听说过“善有善报，恶有恶报[①]”这句话，但“善有善报”并不是说，你捡了我1000元，我就给你100元，而是说一个人在他的一生中始终行善，终究会有好结果。作为社会学家，我认为，我们帮别人一把，就是把善良的种子种进他的心里。善有善报追求的是行善不计较报酬，最后形成一个美好的社会。

主持人：我觉得郑先生对社会充满了理想，把社会想得非常美好。这让我觉得非常感动。

张女士：我认为在日常生活当中，对大多数人来说，应该有一个比较世俗的行为规范，让善有善报成为一种机制、成为一种普遍现象的时候，才能达到郑先生所说的那种社会。

郑先生：我认为，要建立一种制度的人才是过于理想化的人。因为这才是不现实的。有些人还了钱也不要回报，也就是说，你给不给回报人家都会还；还有一种人，即便规定给20%的回报，他们捡钱以后也不会还。所以，如果真的建立了这样一种制度，简直是多此一举。

张女士：郑先生的意思是将有些领域交给良心，要鼓励、要发挥良心善的一面。但凭你的良心而论，你把这些东西交给所有人的良心，你放心吗？

郑先生：我哪里是一个非常强调良心的人！我只是觉得，我们不能让生活的各个角落都充满金钱关系。我希望我们让老百姓意识到，在很多方面，美德比金钱更重要。

主持人：我们今天的讨论非常热烈，由于时间关系，我们只好将这个讨论先告一个段落。希望大家回到自己的岗位上，继续把这个话题讨论下去。无论是要回报还是不要回报，我们希望大家都多做好事，多做善事。

（选自《实话实说》栏目）

## 预 听

07-3

### 三 听录音，填空

1. 物权法草案中提议，拾金不昧者有权得到失物价值20%以下的报酬。
2. 政府正着手在济南市开辟中小学生公交专线，以尽快解决中小学生乘车难、乘车不安全的问题。
3. 人与人之间的互助可以辐射出一种人性美德的温暖和光辉，感动和照亮更多人的心灵。
4. 一位高中生归还了捡到的十几万元巨款并且谢绝了失主送的电脑。
5. 如果你一直不愿意变老，那你就永远不会幸福，因为你终究是要变老的。
6. 陈旧的世俗观念着实让她感到身心疲惫。
7. 新的出租车企业经营机制正在本市20家出租车企业试行。
8. 我想这也许就是对他们最好的报答。
9. 球员对这次集训根本不感兴趣，甚至认为3天的集训是“多此一举”。
10. 只要是有良心的人，遇到这事儿都会管的。
11. 坦白地说，对这个问题我想不通。
12. 无论是做人还是做事，我们自己心中都要有把尺子，也就是道德规范。

### 四 听句子，选择能准确表达所听内容的答案

1. 一旦接受了人家的礼物，也就是回报，或者叫报答，就意味着今后更多遇到危险的人可能获救。

答案 B 接受了回报的人以后一定还会救更多遇到危险的人

2. 收多少钱、多少物姑且不论，但从社会效果来看，是大家都有好处。

答案 A 暂时不讨论收多少钱、多少物，反正对大家都有好处

3. 如果给东西就好像是对这种美德的一种讽刺，而接受回报的行为也好像是对这种美德的一种背叛。

答案 C 给东西和接受回报的行为都对这种美德不尊重

4. 有一种人，即便规定给20%的回报，他们捡钱以后也不会还。

答案 C 有一种人捡钱以后有没有回报都不还

5. 如果真的建立这样一种制度，简直是多此一举。

答案 B 建立这样一种制度根本没有必要

## 精 听 07-5

### 一 听全文录音，选择正确答案

1. 这几个人中谁认为拾金不昧应该要回报？

答案 B 张女士

2. 认为应该接受回报的人的理由是什么？

答案 C 对大家都有好处

3. 郑先生认为失主对还东西的人应该怎样做？

答案 A 对他进行人格上的赞美

4. 郑先生反对张女士的什么主张？

答案 B 建立回报的制度

5. 下面哪个观点代表张女士的意见？

答案 A 应该规定给一定数量的回报

### 三 听全文录音，判断下列句子是否正确，并说明原因

答案 1. × 2. √ 3. × 4. √ 5. ×
6. × 7. √ 8. × 9. ×

### 四 听录音，填空

坦白地讲，我不赞同张女士的观点。我觉得拾金不昧是中国一个很古老的传统美德。如果捡了东西还给人家，失主应该对还东西的人进行人格上的赞美或者是感到钦佩。如果给东西就好像是对这种美德的一种讽刺，而接受回报的行为也好像是对这种美德的一种背叛。我们都听说过“善有善报，恶有恶报”这句话，但“善有善报”并不是说，你捡了我1000元，我就给你100元，而是说一个人在他的一生中始终行善，终究会有好结果。作为社会学家，我认为，我们帮别人一把，就是把善良的种子种进他的心里。善有善报追求的是行善不计较报酬，最后形成一个美好的社会。

## 泛听部分

### 课文（一） 07-7

主持人：今天我们讨论的是有关“安乐死”的问题。不知道在座各位对这个问题有什么看法？

张先生：我是癌症患者，得肺癌八年了。我不怕死，我就怕痛苦。我认为安乐死是人类进步的一种表现，我希望它进步快一点儿。人总是要死的，何必叫他死得痛苦呢？我现在就很痛苦，经常疼得我实在忍受不了了，真想打一针，结束这种痛苦。我自己来，谁也不负法律责任，法律也不用管我，我自己结束我自己就行了。

主持人：但是如果那样做了会不会非常遗憾呢？

张先生：没什么遗憾的，我为国家、为社会、为单位作了不少贡献。

主持人：胡女士看起来好像不太赞成张先生的决定。

胡女士：首先我认为这个问题比较复杂，但是从伦理和情感的角度，我是坚决反对的。为什么呢？死亡是自然的，是人类或者说是生命的一种无奈，而你选择安乐死就是一种妥协，是面对无奈的一种妥协。如果张先生是我的亲属，我是绝对不允许他那样做的；换一个角度讲，如果我患了绝症，我相信我的亲人会跟我有同样的感受，我也不会选择。张先生刚才说的话我都非常理解，也许你能找出一万种理由说可以，但我能找出一万零一种理由说不可以，多出的一种理由是什么？生命神圣不可侵犯。死亡不可以选择，选择死亡不是一种权利，而是一种无奈，面对这种无奈要勇敢，不能妥协。

张先生：我坚决反对你的说法，因为我觉得你只考虑到别人的感受了，你有没有考虑到患者的感受？那种感受特别痛不欲生，我是无奈啊，我是忍受不了这种痛苦的折磨才想选择这种方法的。

胡女士：我说得很明白，这个问题很复杂，有很具体的情况。但是从伦理这个角度来考虑，个人要对人群负责，要对亲人负责。至于说这个痛苦怎么去计较，这是从生命的层面去谈论这个问题，生命怎么能够用痛苦去对比呢？比如说我选择安乐死，是我活着忍受这种病痛更痛苦呢，还是说我的亲人面对我的安乐死更痛苦？

主持人：王先生，谈谈您的看法。

王先生：我个人认为人有生的权利，到了一定的阶段，随着自然规律的进行，这个权利逐渐丧失了，但不能说他就有死的权利。如果说有死的权利的话，那自杀就是一个可以鼓励的行为了，就是可以选择的行为了。

主持人：那样做是对社会的不负责任。

王先生：对。自杀是一个犯罪的行为。在我们国家至少我认为这个自杀是一个人不应当做的行为，是不是？如果这么做的话，第一个，你自己就贬低了你自己生命的价值；第二个，你会给你的亲人带来痛苦；第三个，可能会给社会形成负担。

主持人：王先生的观点也很明确。

（选自《实话实说》栏目）

## 课文（二） 07-9

去年12月6日，我永远记得这个日子，我和同学刘康、王力，以及咸宁学院的吴超，一起在淦河边救起一对母子。此后，我们获得了很多荣誉，也赢得了人们的称赞和认可！

其实，下水救人完全是一种本能反应。当时情况紧急，也没想那么多就跳下去了。到现在，我也没觉得这件事有多么了不起，换了其他人也会这样做。

就在我们救人前不久，2009年10月24日，在荆州古城，长江大学的10多名大学生手拉手搭成“人链”，从长江中勇救两名落水少年。少年获救了，3名19岁的大学生何东旭、方招、陈及时却不幸被江水吞没，献出了宝贵的生命。这件事发生后，社会上有很多议论，一些人认为不值，认为他们将来所创造的社会价值可能会远远高于被救的人。就像1982年第四军医大学学员张华为救淘粪老人牺牲，当时也引发了全国范围的讨论，其中有舆论认为大学生为救老农而死不值得，是“金子换石头”。

这样的论调让人心寒。诚然，现在是市场经济时代，但并不是什么都能用利益法则去衡量的。我认为，不管社会如何变革、前进，类似于“无条件救人于危难”这样的道德底线是不应该丧失的。如果大家都唯利是图、金钱至上的话，那人与人之间必然只有利益计较而没有温情传递，这样的社会是怎样的社会？再说，每个人的生命在本质上都是平等的，哪有什么高低贵贱之分？

救人之后，很多人把我们当英雄看待，其实我真没觉得自己有多伟大、多高尚。如果可能，我倒是希望这样的事情在我们的社会中平凡化、平常化，每个人在他人需要帮助时都能伸出援手，人人都把这样的行为看做良心所系、理所当然。真能如此，整个社会将会多么温暖啊！

（选自半月谈网）

## 练　习

**听全文录音，判断下列句子是否正确**

答案　1. ×　2. √　3. √　4. ×

5. √　6. ×　7. ×　8. √

# Lesson 8
# 全球爆发外语热

## 精听部分

### 课文 08-4

记者：李校长，今年世界各国都掀起了一股学外语热潮。中国也不例外：学外语成了一个大热门儿；语言学校前所未有的火暴；10月份的留学考试报名早已全部爆满；明年4月份考试的预约报名也咨询不断。去国外的语言学校学外语已经成为今年大、中学生出国留学的新热点。您能不能帮我们分析一下出现这种情况的原因是什么？

校长：出国学语言热潮在中国兴起并非偶然，既有外部的影响，也有自身的原因。在过去20多年里，经济全球化①的趋势越来越明显，世界各国的经贸往来也越来越密切。经济的持续发展也引发了全球新一轮的人力资源争夺战，精通外语的人才成为世界各国机构和公司的"抢手货②"，跨国公司③也纷纷开出高价吸引懂外语的人才。懂两种以上外语的人才就更受欢迎了。前联合国秘书长在竞选这一职位时就因为精通英、法两国语言而最终获胜。

记者：这是外部的影响。那么，我们自身的原因又是什么呢？

校长：随着中国经济的持续发展，很多世界级的跨国公司都加大了占据中国市场的力度，懂外语的人自然就成了"宝贝疙瘩"；此外，国内人民生活水平逐渐提高，再加上很多父母坚信出国学习外语要比在国内的语言环境好，极力把孩子送出国门学习语言，外语热在中国兴起也就不足为奇了。

记者：出国学语言的中国学生，一般可分为两类，一类是单纯为了学习外语而出国，另外一类是计划在国外学一两年语言后再考入正规学校继续深造。您认为哪一种计划更好一些？

校长：它们都各有利弊。对第一类学生来说，出去学可以把自己置身于一个完全的外语环境中强制学习，一般来说，短期内就可以收到不错的效果。但现今世界已进入一个高科技日新月异发展的时代，具有跨学科、多方面才能的人越来越受到欢迎，培养跨学科的人才已成为未来各国教育发展的必然趋势。而那些单纯学习外语，尤其是一些学习小语种的人将面临巨大的挑战。

记者：目前，不少学生高中毕业后就直接出国读语言学校，希望到国外先过语言关，再转入正规学校攻读学位。因为大多数语言学校不要申请者的托福[④]成绩，这样出国比较容易。这类学生会遇到什么样的问题呢？

校长：这类学生中将有一部分人可能会面对无法升入当地理想大学的困境。例如在美国，高中阶段是学生升大学的关键时期，要想升入名牌大学，除了要有不错的学业成绩，还需具备卓越的领导才能和参与社区服务的经历。而就读语言学校的中国留学生，由于语言学校基本限于教授英文补习和托福考试等方面的课程，素质方面的表现机会很少，升入理想大学也就难了。此外，花费时间学习语言一两年，必然延缓了接受专业教育的时间，由此造成的影响对今后在人才市场竞争中的作用不得不考虑。

记者：可以预测，外语热的这股浪潮至少还要持续上几年，甚至十年八年。然而对于广大的中国学生来说，在选择就读国外语言学校时一定要三思而行，一定要先设计好自己未来的规划，才能够在未来的人才竞争中立于不败之地。

（选自《北京青年报》）

## 预 听 08-3

### 四 听录音，填空

1. 这股风过后，出版社开始打热门儿电视剧的主意。
2. 他们成为本市首批公开选拔出来的精通英语的法官。
3. 编辑部接到大量的读者来信和咨询电话，询问在北京可以进行心理诊治的具体地点。
4. 谈判是在前所未有的积极气氛中进行的。
5. 第7届国际汽车工业展已经持续一个星期了，展览的火暴程度几乎超出每个人的预料。
6. 旅游旺季普遍提前，一些城市近期已出现客房爆满的情况。
7. 由于前来办理登记手续的人太多，这个部门只好采取预约的工作方式。
8. 这枚纪念封成为专题集邮、邮票投资者追捧的热点。
9. 他是从困境中走出来的百万富翁。
10. 这些琳琅满目、五花八门的军服、器械、装备让你仿佛置身于一片军事的天地之中。
11. 现在是太阳活动高峰期，太阳表面出现面积较大的黑子不足为奇。
12. 他宣布将竞选下届美国总统。
13. 电子产品的生命力能否持久，除了看产品本身是否有卓越的品质外，还要看与产品配套的整体服务怎么样。
14. 创业15载，在经历了影响集团发展的四个关键时刻之后，我的心情依然不能轻松。
15. 中国选手在女子双打一项中占据了头号位置。
16. 市卫生局将加大对食品卫生的检查力度。
17. 他的父母就他这一个孩子，无疑他是家中的宝贝疙瘩。
18. 应该坚信的是，没有任何能力是绝对天生的。
19. 他对演员工作兴趣不大，倒是父母极力劝他不妨一试。
20. 森林火灾与气象条件关系密切。
21. 装修材料一定要到正规的市场买，否则市场垮了保修难。
22. 中国实行改革开放后，全国掀起了经济迅速发展的浪潮。
23. 我希望能够到像北大、清华这样的著名学府深造，为自己充电。
24. 我国去年强制戒毒22万人次。
25. 在这一时期，信息技术日新月异，取得了辉煌的成就。
26. 学士毕业生在通过德国大学相关考核后，可以在德国大学攻读博士学位。
27. 你必须具备在这一行业生存、发展的能力。
28. 上海航空的优惠机票暂时限于上海至广州、上海至深圳、上海至重庆的航线。

29. 时光的流逝很难挽回，然而肌肤的衰老却可延缓。

30. 愿我们的家长在这个问题上三思而行。

## 五 听句子，选择能准确表达所听内容的答案

1. 今年世界各国都掀起了一股学外语热潮。中国也不例外。

答案 B 中国和世界各国一样都掀起了一股学外语热潮

2. 出国学语言热潮在中国兴起并非偶然，既有外部的影响，也有自身的原因。

答案 C 出国学语言热潮在中国兴起有两个原因

3. 跨国公司纷纷开出高价吸引懂外语的人才。

答案 B 跨国公司给懂外语的人才很高的工资

4. 外语热在中国兴起也就不足为奇了。

答案 A 外语热在中国兴起一点儿也不奇怪

5. 那些单纯学习外语，尤其是一些学习小语种的人将面临巨大的挑战。

答案 B 只学习外语的人会遇到挑战

# 精 听

08-5

## 一 听全文录音，选择正确答案

1. 今年中国大、中学生出国留学的热点是什么？

答案 C 去国外语言学校学外语

2. 中国兴起出国学语言热潮的外部原因是什么？

答案 A 世界经济贸易发展

3. 单纯为了学语言而出国的学生会遇到什么问题？

答案 C 将面临巨大的挑战

4. 计划先上语言学校再转到正规大学的学生会遇到什么问题？

答案 B 可能无法上理想的大学

5. 对于中国学生来说，要想出国学习应该注意什么？

答案 B 选择上国外语言学校时要三思而行

## 三 听全文录音，判断下列句子是否正确，并说明原因

答案 1. × 2. √ 3. × 4. × 5. ×
6. √ 7. √ 8. × 9. √ 10. √

## 四 听录音，填空

校长：随着中国经济的持续发展，很多世界级的跨国公司都加大了占据中国市场的力度，懂外语的人自然就成了“宝贝疙瘩”；此外，国内人民生活水平逐渐提高，再加上很多父母坚信出国学习外语要比在国内的语言环境好，极力把孩子送出国门学习语言，外语热在中国兴起也就不足为奇了。

记者：出国学语言的中国学生，一般可分为两类，一类是单纯为了学习外语而出国，另外一类计划在国外学一两年语言后再考入正规学校继续深造。您认为哪一种计划更好一些？

校长：它们都各有利弊。对第一类学生来说，出去学可以把自己置身于一个完全的外语环境中强制学习，一般来说，短期内就可以收到不错的效果。但现今世界已进入一个高科技日新月异发展的时代，具有跨学科、多方面才能的人越来越受到欢迎，培养跨学科的人才已成为未来各国教育发展的必然趋势。而那些单纯学习外语，尤其是一些学习小语种的人将面临巨大的挑战。

# 泛听部分

## 课文（一） 08-7

记　者：曾先生，按照规定，中国的高中毕业生去日本留学，不能直接进入大学学习。但最近听人说，是可以直接就读日本的大学的，这是否是由于政策上的变化，还是需要经过一些其他什么途径呢？

曾先生：严格地讲，日本规定，国外的高中毕业生不能直接进入日本的大学或短大就读。据我所知，两三年之前还是没有先例的。最近由于日本出现一个特殊的现象——“少子化”，也就是生育

小孩少，导致大学的生源越来越少，所以要靠留学生的生源进行补充，才能维持大学的经营。因此，一些大学或短大在海外直接招收高中生。这是最近才有的新现象。

记　者：那目前中国国内在校就读的大一或大二的学生是否可以到日本的大学插班就读？在这方面有什么统一的要求或政策吗？

曾先生：我知道有这种情况，但是要先进入日本的语言学校学习，然后考大学。你要想在国内读完大一直接进入日本的大学二年级学习是没有这个可能的。如果是国内的大专毕业到日本读完语言之后，再插班到大学的三年级是可以的，而且对专业的要求也不是很严格。

记　者：去日本留学，无论你想进入哪一阶段学习，你首先要进入语言培训学校学习，通过之后才能进入专业课程的学习，是这样吗？

曾先生：对，一般是两种途径。一种是到日本进入它的语言学校念一到两年，考试通过之后再报考大学。另外一种是进一些日本的私立大学，他们急于填补生源的空缺，会在海外直接招收高中毕业生，但是往往对语言要求比较高，你必须在国内参加日语的培训，通过考试达到日语的一级或二级水平才能进入这些学校学习。

（选自北京教育广播网）

## 练　习

### 听全文录音，判断下列句子是否正确

答案　1. ×　　2. √　　3. ×　　4. ×　　5. ×

## 课文（二） 08-9

2001年7月8日，8万名老外在海内外的数十个考点参加了中国汉语水平考试。外国人称，参加“中国托福”考试，是登上通往中国的一座桥梁。中国汉语水平考试1993年设立时，参加考试的人数才1.26万，短短的7年时间，一下子增长至8万。有专家分析，这么多人参加考试，主要是由于我国经济近年来“风景这边独好”和对外开放的加快，国外企业与中国的业务大量增加，一些大的公司和机构大量进入中国，给这些既懂自己国家的语言又懂汉语的老外提供了就业机会和个人发展的空间。

据北京市有关部门统计，目前在北京常住的外国人达到三四万人，办理过就业许可证的有1.6万人，其中，85%是中高级管理人员和专业技术人士。在中国其他一些经济发达的城市，各色皮肤的“洋打工”人数也迅速增加，从全国范围看，已超过6万人，主要集中在北京、上海和广州等地。

近年来，一个有趣的现象是，早期在京工作的是清一色的专业技术和管理人员，如今，从事服务业的外国人也越来越多。有些人在大饭店从事门童、餐厨、调酒等工作，有些人从事美容、理发等工作，有些人从事教师和演艺工作。北京人将他们昵称为“洋打工”，目前，“洋打工”族的队伍在不知不觉中日渐壮大起来。

随着中国加入世贸组织和经济的持续发展，会有更多的外国人来华、来京工作，这对弥补国内一些专业人才特别是高级人才的短缺、促进中国人力资源市场的国际化发展都是十分有益和必要的。

# Lesson 9
# 殷大爷离婚

## 精听部分

**课文** 09-4

记　者：各位听众，今天我采访了一对老人的离婚案。这起离婚案的主角是殷大爷和王大妈。1948 年，王大妈经人介绍与殷大爷结婚。新婚之后，殷大爷去外地工作，每月寄钱回来。三个孩子相继出生，抚育孩子全靠王大妈一人。殷大爷性格固执，脾气火暴。王大妈善良贤惠，对待丈夫小心翼翼，从不敢惹丈夫生气，两口子倒也相安无事。就这样过了几十年，谁曾想，在 1985 年的一天，因为一句话不如意，殷大爷不再理睬王大妈。15 年来，王大妈几次写信认错，但固执的殷大爷始终没再理睬她，也没寄一分钱回来。从此，二老一直分居，15 年后王大妈收到殷大爷的离婚起诉。殷大爷认为与王大妈早已没有共同语言，现已分居 15 年之久，夫妻感情破裂，要求法庭判决离婚。在法官问原告是否同意调解和好时，殷大爷斩钉截铁地坚持离婚，王大妈则回答，"只要不离婚，什么要求都答应。"这起离婚案件，在当地引起轰动。请问这位老同志，您听说了这件事后有什么感想吗？

群　众：80 岁的老头儿要离婚，简直是天下奇闻。王老太太吃了几十年苦，从来不去找老头儿的麻烦，为了养育三个孩子，精打细算，非常节俭。老头儿15年不寄一分钱，现在却要抛弃王老太太，要离婚，是当代陈世美[1]，道德败坏，不仅王老太太受不了，我们也难以接受。

记　者：王大妈，您能不能告诉我们不同意离婚的理由是什么？

王大妈：他15年不回来，我没向他要一分钱，也没找他麻烦，我知道他是牛脾气，尽量不让他发火。有人讲他外面可能有第三者，我也不管，他即使有100个，我也不问。现在七八十岁的人要离婚，不被人笑掉大牙？

记　者：赵法官，您认为本案应不应该判决离婚呢？

赵法官：如果依法办事，在现行法律规定下，本案应当判决离婚。我国婚姻法规定，实行婚姻自由的婚姻制度。婚姻自由包括结婚自由和离婚自由。男女一方要求离婚的，可直接向人民法院提出离婚诉讼。人民法院审理离婚案件时，应当进行调解；如感情确已破裂，调解无效，应准予离婚。由此可见，殷大爷的行为是合法的。

记　者：李教授，许多老百姓认为法院判决殷大爷和王大妈离婚，会给一些道德败坏的人大开方便之门，给他们以可乘之机。您认为为什么会出现这种看法呢？

李教授：这是因为中国百姓受几千年传统文化和伦理道德熏陶，往往以自己的道德观和价值观来评判法律的好坏和司法的公正。老百姓可能不会想到法律的问题，他们更认可习俗而不一定认可法律。所以，虽然殷大爷从法律上来讲是没有错的，但是大家仍然纷纷指责殷大爷，骂他是当代的陈世美。

记　者：当今的法律和中国传统的伦理道德、社会习俗之间还存在着冲突。我们的法律工作者在制定法律的时候应该寻找它们之间的一个最佳结合点。各位听众，下次当您遇到类似情况的时候，法律和道德，您将选择从哪一个角度去考虑问题呢？

（选自中国普法网）

## 预　听　09-3

### 四　听录音，填空

1. 我做人的基本准则是善良诚实。
2. 母亲不满意法庭的判决结果。
3. 她温柔贤惠，丈夫一家都很喜欢她。
4. 父母都从事表演，从小她就受到这方面的熏陶。
5. 这一家子总算过上了与邻居相安无事的日子。
6. 我国西北、华北地区自西向东相继出现了明显的降雨过程。
7. 有传言说她同丈夫的感情已经破裂。
8. 这场音乐会不仅在全国引起很大轰动，在国外也引起了极大的关注。
9. 如果您是个有心人，既善于抓住购物时机，又能够精打细算，就可以买到更便宜的商品。
10. 她实在怕自己的丈夫有朝一日嫌弃她，所以，处处小心翼翼。
11. 有关人士指出，随着思想和科技的进步，人类的伦理道德观念也会发生变化。
12. 为了金钱和权力，他抛弃了自己的家庭。
13. 婚外恋的发生不能简单地归咎于当事人的“道德败坏”。
14. 尽管该案在开庭后又因故延期审理，但已引起了媒体和法律界的关注。
15. 案件起诉到法院后，因证据不足，被告人被判无罪。
16. 据说蓝博基尼本人就是这种不甘示弱的牛脾气，这也体现了蓝博基尼公司产品的特点。
17. 民警以前还没见过所长为这么点儿事发火。
18. 对广大信教群众的宗教信仰自由及正常的宗教活动要依法加以保护。
19. 法院驳回了我的诉讼请求。
20. 一毛钱往往会被人们忽略，掉在地上也没人理睬。
21. 每当我不如意的时候，只要看一看女儿的照片，就能产生很大的动力。

### 五　听句子，选择能准确表达所听内容的答案

1. 今天我采访了一对老人的离婚案。这起离婚案的主角是殷大爷和王大妈。

答案　A　殷大爷和王大妈要离婚

2. 谁曾想，在1985年的一天，因为一句话不如意，殷大爷不再理睬王大妈。

答案　C　没想到在1985年的一天，因为一句话不如意，殷大爷不再理睬王大妈

3. 现在七八十岁的人要离婚，不被人笑掉大牙？

答案 B 七八十岁的人要离婚，会被人笑话的

4. 人民法院审理离婚案件时，应当进行调解；如感情确已破裂，调解无效，应准予离婚。

答案 C 人民法院审理离婚案件时调解无效才准予离婚

## 精 听

09-5

### 一 听全文录音，选择正确答案

1. 殷大爷是个什么样的人？

答案 A 性格固执，脾气火暴

2. 1985 年的那一天发生了什么事？

答案 C 殷大爷因为一句话不如意，不再理睬王大妈

3. 普通老百姓怎样看待殷大爷？

答案 B 他道德败坏

4. 王大妈不同意离婚的理由是什么？

答案 B 年纪大了离婚会被人笑话

5. 法官怎样看待这起离婚案？

答案 C 如果不能调解两位老人和好，就应当判决两位老人离婚

### 三 听全文录音，判断下列句子是否正确，并说明原因

答案 1. × 2. × 3. √ 4. ×

5. √ 6. × 7. × 8. ×

### 五 听录音，填空

记者：各位听众，今天我采访了一对老人的离婚案。这起离婚案的主角是殷大爷和王大妈。1948 年，王大妈经人介绍与殷大爷结婚。新婚之后，殷大爷去外地工作，每月寄钱回来。三个孩子相继出生，抚育孩子全靠王大妈一人。殷大爷性格固执，脾气火暴。王大妈善良贤惠，对待丈夫小心翼翼，从不敢惹丈夫生气，两口子倒也相安无事。就这样过了几十年，谁曾想，在 1985 年的一天，因为一句话不如意，殷大爷不再理睬王大妈。15 年来，王大妈几次写信认错，但固执的殷大爷始终没再理睬她，也没寄一分钱回来。从此，二老一直分居，15 年后王

大妈收到殷大爷的离婚起诉。殷大爷认为与王大妈早已没有共同语言，现已分居15年之久，夫妻感情破裂，要求法庭判决离婚。在法官问原告是否同意调解和好时，殷大爷斩钉截铁地坚持离婚，王大妈则回答，“只要不离婚，什么要求都答应。”这起离婚案件，在当地引起轰动。请问这位老同志，您听说了这件事后有什么感想吗？

群众：80岁的老头儿要离婚，简直是天下奇闻。王老太太吃了几十年苦，从来不去找老头儿的麻烦，为了养育三个孩子，精打细算，非常节俭。老头儿15年不寄一分钱，现在却要抛弃王老太太，要离婚，是当代陈世美，道德败坏，不仅王老太太受不了，我们也难以接受。

## 泛听部分

### 课文（一） 09-7

记　者：今天我们向大家介绍一个遗嘱案。事情是这样的：有一位癌症患者陈女士生前曾买了两份保险，保险金额达26.9万元，一份保险的受益人写明是她还不满10岁的女儿，一份没有写受益人是谁。去世之前，她特意用录像的方式立了一份遗嘱，在这份遗嘱中，她明确表示把自己20多万元的保险金遗赠给二姐夫。在立遗嘱时为确保这份遗嘱的公正性，她还专门让家里人请来了一位律师。陈女士立遗嘱的目的本来是希望自己过世之后，免去家人之间的纷争，但是恰恰就是这份遗嘱使得新的纷争重新开始。李先生，听说您对这份遗嘱的真实性很怀疑，是吗？

李先生：是的。我们认为对我儿媳妇来说，最亲的人就是她的女儿和丈夫，在临终前最放心不下的也应该是他们两个人。可她偏偏把20多万元的保险金白白地送给了她二姐夫这样一个外人，这根本不可能是她的真实意愿，肯定是她二姐夫一手操作的。

记　者：赵医生，陈女士立遗嘱的时候，您也在场，您知道陈女士为什么把保险金赠给她二姐夫吗？

赵医生：这件事，陈女士和她娘家人商量了很长时间。之所以没有把钱交给她丈夫主要是为孩子着想。陈女士的丈夫因为金融犯罪被判了16年有期徒刑，即使不减刑的话，他从监狱里出来最多也不超过50岁。万一他刑满出狱后组建新的家庭，就不一定能够保证这笔钱真的会用到孩子身上。陈女士的二姐夫本身是单位里的支部书记，家里经济状况也比较好，如果把钱放在他那里就可以保证这笔钱肯定能用在陈女士的女儿身上。

记　者：其实大家的目的都是希望这笔钱用于小女孩今后的生活，唯一不放心的就是万一这笔保险金被对方拿去另有用处，就会损害陈女士女儿的利益。结果，两家人先后都向保险公司提出了给付保险金的申请，这下可让保险公司为难了。黄经理，你们的难处在哪里？

黄经理：我们先后接到了两份申请。一份申请是依据陈女士的遗嘱，一份申请是依据保险合同中的法定继承，一时间两家人僵持不下，他们又先后把我们保险公司告上了法庭。我们保险公司感到有些冤，我们不是不想支付保险金，只不过是不知道该支付给谁，于是就把26.9万元的保险金直接划到了法院的账户上等待法院作出判决。

记　者：刘法官，在收到陈女士的娘家人和他丈夫的家人分别起诉保险公司的起诉状后，你们是怎样判决的呢？

刘法官：我们将两案进行了合并审理，并作出一审判决，认定陈女士把保险金遗赠给她二姐夫的条款无效。因为按照法律规定，如果要变更保险金的受益人，投保人必须及时到保险公司办理手续，而不能够用立遗嘱的方式来随意变更受益人。因此，陈女士生前留下的两份保险中，指定受益人为其女儿的那份由保险公司支付给陈女士的女儿，没有指定受益人的那份由陈女士的法定继承人即她的丈夫、女儿和她的母亲分别获得三分之一的份额。

记　者：这个案子给我们的提示是，每个公民都有各种各样的权利，但是在行使权利的时候一定要履行各种各样的程序。比方说陈女士要改变这个受益人，一定要告知保险公司并且征得保险公司的同意，否则的话很有可能行使权利的过程会出现新的阻碍。

（选自《今日说法》栏目）

## 练　习　09-8

### 听全文录音，选择正确答案

1. 陈女士的遗嘱为什么引起了纷争？

答案　A　因为陈女士把保险金赠给了二姐夫

2. 李先生和陈女士是什么关系？

答案　C　公公和儿媳妇

3. 陈女士立遗嘱的目的是什么？

答案　B　为了保证保险金可以用在女儿身上

4. 什么事情让保险公司为难？

答案　B　两家给付保险金的申请都有道理

5. 法庭为什么认定陈女士把保险金遗赠给她二姐夫的遗嘱无效？

答案　C　因为她不能随意变更保险金的受益人

## 课文（二）　09-10

我叫小美，今年23岁，我是个农村姑娘。三年前，在朋友的介绍下，我认识了在城里一家企业工作的小鲍。小鲍对我特别好。他们单位离我们家很近，一有时间，他就到我们家来帮忙。我父母也非常喜欢他。一个城里人能不计较差距和一个农村人谈恋爱，这让我的心里感到很宽慰。在那段日子里，我时刻体验着爱情的甜蜜。能碰上小鲍是我这一生中最大的幸福。一年后，我们领了结婚证。谁曾想，就在我们领取结婚证后的第5天，小鲍病倒了，而当时我正在外地打工，不在小鲍身边。等我回来时，医生说小鲍发烧引发脑炎，导致后遗症，引发癫痫。现在小鲍不但在生活上不能自理，而且他每星期的发病次数由一次增加到两次、三次，每次发病的时间也在加长。最让我痛苦的是医生说这种病治愈的可能性很小。我只有初中文化程度，由于文化太少，能找的工作太有限，所以在换了四五份工作之后也没有挣到钱，而他家人还要求我必须在小鲍的身边照顾他。我第一次感觉到和小鲍同甘共苦的希望渺茫了起来。我的压力太大，我想离婚，可他们家人说我此时提出离婚恰恰是印证了我并不是因为感情才和小鲍结婚的，而是看中了鲍家的条件，在小鲍遇到这样的难处时，竟然想抛弃他，他们无论如何也不同意离婚。我实在忍不住，就将自己的想法告诉了小鲍，可他已经陷入很恍惚的状态，根本无法交流。谁能告诉我，我到底应该怎么办？

（选自《今日说法》栏目）

# 10 Lesson 10
# 金领的生活

## 精听部分

### 课文 10-4

1 金领阶层是社会精英高度集中的阶层，年龄在25岁至45岁之间，受过良好的教育，有一定的工作经验、经营策划能力、专业技能和社会关系资源，年薪在15万到40万之间。这个阶层不一定拥有生产资料所有权，但拥有一个公司最重要的技术和经营权。金领阶层一般是三资企业[①]高级管理人员、外商驻华机构的中方代表、规模较大的民营公司[②]的经理、国企[③]的高层领导等。

2 金领阶层大都有一套属于自己的住房，有一辆进口车或者至少有一辆奥迪、帕萨特等档次的轿车；家用电器齐全；饮食营养、卫生，有能力在五星级饭店用餐，饮食不超过家庭总支出的1/4；穿着并不十分追随潮流，但比较讲究档次；他们也经常出入高档美容院、健身房去美容和健身。他们每月的消费在六七千元人民币以上。

3 老板是生产资料的所有者，白领凭借一技之长生活，而金领则不仅是技术高手而且拥有决定白领命运的经营权。这就好比是一个乐队，尽管指挥者在资本上不拥有这个乐队，在技术上，也许他对某一种乐器的演奏不如乐手，但当乐队演奏起来时一切都还是得服从他的指挥棒。对待事业，他们一律全力以赴、奋不顾身，加班是家常便饭。他们努力上进、精力充沛，也许晚上回到家里累得一塌糊涂，但只要在办公室里，他们永远不知疲惫。时间是金领阶层最匮乏的东西。一年365天，他们大约有1/3的时间是在旅馆、饭店、汽车、火车、飞机上度过的，那种劳累程度可想而知。

4 一旦找到更能充分发挥自己的创造力、展现自己聪明才智的职位，金领会毫不犹豫地选择跳槽。他们认为跳槽是一种正常现象，没有什么可谴责的。相反，从不跳槽倒不正常，因为一辈子在同一个环境中干同样的工作，是重复性劳动。没有创新，就等于浪费生命。通过跳槽可以使自己水平提高，在新的环境中有新的“血液”流进旧有的经验知识领域，通过新旧东西的碰撞提升自己的境界。对于目前还没有实力办公司，也没有“倒炒鱿鱼[④]”打算的金领人士来说，最紧迫的是抓紧时间“充电[⑤]”，以防止被竞争淘汰。名校里周六、周日轿车骤增，或许可以让我们感受到金领们强烈的求知欲。

5 大部分金领几乎都不甘心为老板的事业奋斗一生，也不满足于目前的仅仅当个纯粹的经营者的角色。他们渴望着有一个更大的空间任凭他们施展才干，渴望有一个属于自己的事业。特别是那些高学历的金领人士，他们相对来说也更富于冒险精神，也更喜欢向社会、向自己挑战。他们在现有的职位上拼命地为老板工作一段时间后，都想利用自己已有的知识、技能、社会关系、从业经验、资金等来办自己的公司。

（选自《文摘报》）

## 预　听

10-3

## 四　听录音，填空

1. 世界上只有一个行业，男人要追随女人的潮流，这就是服装业。
2. 有400多名退伍老兵凭借一技之长，在地方上找到用武之地，成了家乡的致富能手。
3. 一顿营养丰富的早餐会令你精力充沛、活力无限。
4. 我们要努力营造有利于青年人才健康成长、施展才干的良好氛围。
5. 几名警察，任凭我们拍摄采访，气氛非常融洽与愉悦。
6. 我是一个心比天高的女人，不甘心自己的事业比别人差。

7. 这是一个资源严重匮乏的工业大国。

8. 我不希望我们只有纯粹的感情，而没有物质生活的基础，这种婚姻是不可能长久的。

9. 4 月 1 日以后，抗生素广告一律不得在大众媒介上发布。

10. 北京的“精英阶层”中，外地人已经占了很大一部分。

11. 有研究文学的专家说，小说最高的境界是无技巧。

## 精　听　10-5

### 一　听全文录音，选择正确答案

1. 金领阶层拥有一个公司的什么东西？

答案　A　最重要的技术和经营权

2. 金领阶层的年薪是多少？

答案　C　15 万 ~ 40 万元

3. 金领阶层靠什么生活？

答案　B　技术和经营权

4. 金领们怎样看待跳槽？

答案　A　跳槽是一种正常情况

5. 大部分金领的理想是什么？

答案　C　办自己的公司

### 三　听全文录音，判断下列句子是否正确，并说明原因

答案　1. √　2. ×　3. √　4. ×　5. ×

6. ×　7. √　8. ×　9. √　10. √

### 五　听录音，填空

老板是生产资料的所有者，白领凭借一技之长生活，而金领则不仅是技术高手而且拥有决定白领命运的经营权。这就好比是一个乐队，尽管指挥者在资本上不拥有这个乐队，在技术上，也许他对某一个乐器的演奏不如乐手，但当乐队演奏起来时一切都还是得服从他的指挥棒。对待事业，他们一律全力以赴、奋不顾身，加班是家常便饭。他们努力上进，精力充沛，也许晚上回到家里累得一塌糊涂，但只要在办公室里，他们永远不知疲惫。时间是金领阶层最匮乏的东西。一年 365 天，他们大约有 1/3 的时间是在旅馆、饭店、汽车、火车、飞机上度过的，那种劳累程度可想而知。

# 泛听部分

## 课文（一） 10-7

精英是社会学的一个专门的术语，英文里叫 ELITE，意思是说处在顶尖的这么一小群，是有能力的群体。传统的精英，更多的是指决策精英，基本上是政治精英。

西方引入了市场经济之后，出现了经济精英，市场创造经济精英，这个时候西方开始超过中国。中国从20世纪80年代以后开始农业改革，90年代转入城市，1993年后，中共中央明确提出社会主义市场经济，我们看到人民的才智确实发挥出来了。90年代中后期，中国的经济精英逐渐突出，但是中国的经济精英毕竟出现的时间太短，不到20年时间，而西方都在200年以上。

技术精英实际在各国都有一个固定的量，实际上任何社会都不会忽视技术精英。问题是：三种精英的比例在我们国家曾是失调的，尤其是中国过去技术不发达，缺少技术精英。但现在我们意识到，任何一个社会都需要很多技术精英和经济精英，搞经济可以使一个国家致富，搞技术可以提高一个国家的科技水平。

总的来看，中国近两年三种精英的配置比以前要合理得多，不过到今天为止，政治精英还是比例偏高，经济精英还是太少，技术精英水平有待提高。

（选自《经济导刊》）

## 练习 10-8

### 听全文录音，选择正确答案

1. 传统的“精英”更多的指什么？

答案　A　政治精英

2. 中国的“经济精英”是什么时候出现的？

答案　C　20 世纪 90 年代中后期

3. 中国的精英存在什么问题？

答案　C　经济精英太少、技术精英水平不太高

## 课文（二） 10-10

在人潮汹涌、纷繁忙碌的都市中，有这样一群白领人士：他们每天为公司业务而拼命打拼，也换来丰厚的回报。但他们生活状态的简单却出乎常人的意料。除去每周几次去体育馆健身外，几乎所有私人时间都是在家里度过的：看书、看电视、看碟、玩儿游戏、上网，几乎不与身边朋友联系，即使周末也是如此。他们就是目前正在兴起的现代都市孤独族。他们大多是 40 岁以下的青年男性，学历较高，月收入在 5000 元以上，职业通常为软件公司程序设计员、证券公司管理层和外企主管等。他们每天在办公室度过十二三个小时，吃盒饭和方便食品，穿着简朴，物质欲望低。他们喜欢天马行空、独来独往的生活，对婚姻的需求并不迫切。择偶心态是“可遇不可求”，也不会花太多心思和太多时间去追求和讨好女孩。女孩对他们的评价是：不懂浪漫。都市孤独族的心态优越，因为他们的实力雄厚，不过实力只体现在他们感兴趣的领域。都市孤独族绝不为了社交而社交，这是他们最大的共同点，也得益于现代社会人际关系的简单化。他们从事的职业大多压力较大，竞争激烈，使他们常常处于高度紧张的状态。所以有限的一点儿私人时间便显得非常珍贵。他们宁愿摒弃社交，一人独处。都市孤独族虽生活简单，但个性充分舒展，是真正的精神贵族。

（选自南方网）

# 单元测试二（6~10课） Test 02

## 一 听段落，选择正确答案

1. 如果家中不能给予老人周到的照顾，与其让老人待在家中孤单寂寞，不如把老人送进养老院。

问：说话人认为应如何对待老人？

答案　B　如果家中不能给予老人周到的照顾，就应该送老人进养老院

2. 一旦找到更能充分发挥自己的创造力、展现自己聪明才智的职位，金领会毫不犹豫地选择跳槽。

问：金领们为什么要跳槽？

答案　A　想发挥自己的创造力

3. 我知道他是牛脾气，尽量不让他发火。有人讲他外面可能有第三者，我也不管，他即使有100个，我也不问。现在七八十岁的人要离婚，不被人笑掉大牙？

问：说话人不离婚的理由是什么？

答案　C　因为怕离婚会被人笑话

4. 王老太太吃了几十年苦，从来不去找老头儿的麻烦，为了养育三个孩子，精打细算，非常节俭。老头儿15年不寄一分钱，现在却要抛弃王老太太，要离婚，是当代陈世美，道德败坏，不仅王老太太受不了，我们也难以接受。

问：什么事情让说话人难以接受？

答案　B　老头儿15年不寄一分钱，现在却要抛弃王老太太，要离婚

5. 现在社会整体福利保险事业在体制方面还不够健全，各家各户家庭收入又千差万别，老人是否入住养老院，要视个人和家庭的情况而定，不应强求千篇一律。比如家中有能力雇请专职护理员的，老人有自理生活能力的，老夫妇双双健康、可以互相照顾的，还有那些社区人缘基础较好的人，就不一定非让他们入住养老院不可。

问：说话人的主要观点是什么？

答案　A　老人是否入住养老院不能强求千篇一律

6. 经济的持续发展也引发了全球新一轮的人力资源争夺战，精通外语的人才成为世界各国机构和公司的“抢手货”，跨国公司也纷纷开出高价吸引懂外语的人才。懂外语

的人自然就成了“宝贝疙瘩”。此外，国内人民生活水平逐渐提高，再加上很多父母坚信出国学习外语要比在国内的语言环境好，极力把孩子送出国门学习语言。外语热在中国兴起也就不足为奇了。

问：很多父母为什么送孩子出国学习语言？

答案　B　因为学外语国外的语言环境比中国的好

7. 对于目前还没有实力办公司，也没有“倒炒鱿鱼”打算的金领人士们来说，最紧迫的是抓紧时间“充电”，以防止被竞争淘汰。名校里周六、周日轿车骤增，或许可以让我们感受到金领们强烈的求知欲。

问：现在对一些金领来说很重要的事情是什么？

答案　C　抓紧时间学习

8. 我国婚姻法规定，实行婚姻自由的婚姻制度。婚姻自由包括结婚自由和离婚自由。男女一方要求离婚的，可直接向人民法院提出离婚诉讼。人民法院审理离婚案件时，应当进行调解，如感情确已破裂，调解无效，应准予离婚。

问：在什么情况下法院可以判决离婚？

答案　C　在法院调解无效的情况下再判决离婚

9. 在美国，高中阶段是学生升大学的关键时期，要想升入名牌大学，除了要有不错的学业成绩，还需具备卓越的领导才能和参与社区服务的经历。而就读语言学校的中国留学生，由于语言学校基本限于教授英文补习和托福考试等方面的课程，素质方面的表现机会很少，升入理想大学也就难了。此外，花费时间学习语言一两年，必然延缓了接受专业教育的时间，由此造成的影响对今后在人才市场竞争中的作用不得不考虑。

问：说话人想说明什么问题？

答案　C　介绍就读国外语言学校的弊病

10. 我觉得拾金不昧是中国一个很古老的传统美德。如果捡了东西还给人家，失主应该对还东西的人进行人格上的赞美或者是感到钦佩。如果给东西就好像是对这种美德的一种讽刺，而接受回报的行为也好像是对这种美德的一种背叛。我们都听说过“善有善报，恶有恶报”这句话，但“善有善报”并不是说，你捡了我1000元，我就给你100元，而是说一个人在他的一生中始终行善，终究会有好结果。

问：说话人认为应该怎样对待还东西的人？

答案　A　对还东西的人进行人格上的赞美或者是感到钦佩

## 二 听录音，填空

1. 这是一个资源严重匮乏的工业大国。
2. 几名警察，任凭我们拍摄采访，气氛非常融洽与愉悦。
3. 希望北京不断向全国和全世界人民展现经济繁荣、环境优美、社会安定的新风貌。
4. 目前各学校的体育设施超过全市总量的 60%。
5. 在这种压力下，他实在是感到有些力不从心。
6. 陈旧的世俗观念着实让她感到身心疲惫。
7. 拾金不昧者有权得到失物价值 20% 以下的报酬。
8. 很多世界级的跨国公司都加大了占据中国市场的力度。
9. 他们成为本市首批公开选拔出来的精通英语的法官。
10. 有关人士指出，随着思想和科技的进步，人类的伦理道德观念也会发生变化。
11. 尽管该案在开庭后又因故延期审理，但已引起了媒体和法律界的关注。

## 三 听录音，选择正确答案

1~4 题是根据下面的讲话——

在德国生活的时候，有一天，我在公用电话亭打完电话之后，便兴冲冲赶到朋友那儿，忘了拿钱包，里面有信用卡、医疗卡、饭卡、坐车证件，还有 500 多马克现金。从朋友家出来，已是几小时后。我意识到钱包丢了，怀着侥幸心态，回到人来人往的电话亭。旁边报亭的主人告诉我，有一个小伙子让留话，说他捡到钱包了，准备送警察局。报亭主人让我放心，因为据他的观察，捡钱包的小伙子是个规矩人。最后他建议我拿一瓶酒或一点儿现金表示感谢，小伙子会心安理得地接受，这是这儿的习惯。回家一看，录音电话已有那小伙子的留言。他说在钱包里找到了我的名片，并说可能捡到了属于我的东西，最后留下了姓名和电话号码。不一会儿，我开车前往，小伙子已在门外等候，钱包失而复得。顺便说一句，从小伙子住的房子，可大致推断他并不富有。

我问德国朋友，为什么这个捡钱包的小伙子那么着急把钱包还给主人。朋友说，如果他将钱包私吞，会因为做了坏事而受到良心谴责，这会使他夜不能寐，其损失远远大于捡别人的几百马克。既然他有心归还，当然就是越快越好，免得失主着急。德国人做坏事受到良心谴责，不是因为被别人看见了，而是自发的。所以，拾金不昧是理所当然的，没什么惊天动地，没什么超乎寻常，算不上好人好事。一般来说，在德国，如果在汽车上、火车上丢了东西，到相关的失物招领处大都能找回来。

在我看来，拾金不昧是否属于美德，体现出不同的社会风气。如果拾金不昧是美德，说明有很多人捡到他人东西，有不捡白不捡、不要白不要的心理。事实上也是，在很多地方，有不少人捡到别人东西，只要没被他人看见，就会暗自庆幸，良心谴责和道德约束完全靠外界环境。看来，拾金不昧从美德到基本道德，还是一个漫长的素质教育过程。

1. 说话人在哪儿丢了钱包？

答案　A　公用电话亭

2. 说话人怎样找到了捡钱包的小伙子？

答案　C　根据自己家里的录音电话留言

3. 小伙子为什么那么着急把钱包还给主人？

答案　B　因为如果他留下别人的钱包会觉得良心不安

4. 钱包失而复得的经历对说话人有什么启示？

答案　C　社会应该加强素质教育，让拾金不昧由美德变成基本道德

5~8 题是根据下面一段对话——

记者：刘律师，听说您现在正在代理一宗养老院和老人家属之间的纠纷案子，现在这个案子已经进展到什么程度了？

律师：现在通过开庭，双方争议的焦点和事实已经比较清楚，下一步法庭是不是还要再安排出庭还是执行判决，我们要等通知。从案件本身来说，养老院会胜诉，作为律师我有这个把握。但是从法律角度讲，很多养老院都出现过这样的纠纷，而且大多是因为家属不为老人交费或家属不接老人回家这两个原因。这就涉及一个法律对这类情况要进行规范的问题。

记者：现在法律上有空白吗？

律师：有。咱们法律上没有明确地把老人寄养他处以后不去接也不去交纳相应费用视为“遗弃”的行为。一旦出现这样的纠纷，目前只有养老院以民事争议身份来告子女，要求他们接回老人或者补交相应费用，但是对这种变相遗弃的形式，从国家刑事追究这方面还没有完善起来。按照我国刑法的规定，遗弃是自诉案件，也就是说由当事人起诉，并不像其他案件由检察院公诉。这个起诉由谁来做自诉人，这是一个空白。像这种情况下老人一般岁数比较大，这些老人很多自己已经没有什么行为能力，对很多事物的认知都成问题了，这时候你要让他们提起诉讼就很困难了。

记者：这个问题在法律上怎么处理的呢？

律师：因为我们的案件是民事诉讼案件，法庭仍然是以民事诉讼为基础，他不会研究或者追究关于遗弃的刑事责任的问题。法律还没有涉及这类纠纷，但我们认为从立法、从司法的角度，应该尽快地妥善解决或者杜绝这类纠纷。

5. 刘律师对什么事有把握？

答案　C　养老院会胜诉

6. 刘律师认为养老院和老人家属之间的纠纷说明什么问题？

答案　B　法律在处理这类纠纷时存在问题

7. 根据法律规定，把老人寄养他处后不去接也不去交纳相应费用，算不算遗弃行为？

答案　C　法律没有明确规定

8. 刘律师认为怎样才能够解决或杜绝这类纠纷？

答案　B　从法律上追究老人家属的刑事责任

9~12 题是根据下面的一段争论——

易女士：古女士，听说您 11 岁的女儿因不能适应学校教育，休学回家了，半年时间，她完成了三部长篇书稿，她说她一生的梦想就是写书和周游世界。您的孩子中断学校教育，特别是现在她还没有自控的能力，难道您不担心她的将来吗？

古女士：我认为教育的方式是多种多样的，我的孩子中断了学校的教育，但并未中断学习，她只是脱离了传统教育的生产流水线而已。难道孩子在家自己学习就不算学习了吗？网络学习不算学习吗？我的孩子每天泡在网上的时间确实很多，但我觉得她的计算机知识、丰富的语言和想象力很多都是从网络上得到的，她有很多网络上的朋友。我从来不像某些家长一样将网络视为“海洛因”，而是大力支持孩子自己的选择。

易女士：我反对您的看法。网络不等于现实，网络是虚拟的。这样的生活应该引起家长的警惕。周先生，您同意我们两个人谁的看法？

周先生：易女士，我比较倾向于孩子母亲的观点。孩子爱好计算机就是自发地学习，凭兴趣去学习，不是家长去把知识塞给孩子。未来世界是创造力占主流的世界，像这样的孩子，未来也许会成为大师，而接受传统教育走出来的，最多是“××家”。不一样。大师更伟大。

易女士：我对古女士还有一个问题：孩子对其他的知识，比如数理化、外语怎么获取呢？

古女士：我是过来人，我学过高深的数理化，现在我已经忘光了，而且在现实生活中，我也没有觉得有多大用处。没有这些知识，人照样可以生活。我的孩子不是很善于理性思维的。

易女士：孩子不学？那她就没有系统的知识呀？

古女士：为什么一定要系统呢？比如说文言文，现在都哪个时代了，还学唐诗宋词古典那些东西，为什么要去学那些呢？用不着。她的阅读都是比较随意的。她不怎么看课本，看不进去，那些课本好无聊哟。她喜欢看《小说月报》、报纸副刊什么的。

易女士：除非你的孩子是个天才。天才另当别论。如果不是，那你简直就是让孩子走向灭亡。

古女士：我对她的未来比较乐观。万一她写不出来了，她可以学习嘛，她可以去学一门技术，比如厨师。这样也不行的话，就像有些没有什么文化的人那样靠体力劳动生存，如果她连这个都做不到，一点儿生存能力都没有，那只能怪她自己了。

易女士：作为一名老师、一个母亲，我觉得很心痛，很多正常的孩子该有的感受她不会有，她的生活经历也绝对比别人单一。如果是我，我会鼓励她用最少的时间学好基础，用更多的时间发展她自身的爱好，同时鼓励她感受生活，感受周围的一切。学校、朋友、失败、成功……丰富的生活会让她后劲更足，潜力更大。

周先生：对于这个问题，不要太绝对。这个时代是八仙过海，各显神通。社会会越来越承认家长的这种教育方式。对孩子母亲的做法我是非常理解的，但我要提出一点，母亲和孩子的选择都是要付出代价的，需要承受社会各方面的压力，因为她们的做法已经超前了。如果能够承受得起，我相信，这个孩子会更了不起。母亲也非常了不起，我只能用“伟大”来称赞她。

9. 古女士为什么让11岁的女儿休学？

答案　A　因为女儿不能适应学校教育

10. 谁反对孩子长时间上网？

答案　B　易女士

11. 古女士对数理化、外语等知识有什么看法？

答案　A　在现实生活中没什么用，可以不用学

12. 下面哪一个不是易女士的观点？

答案　C　古女士的教育方法会得到社会的承认

# Lesson 11
# 春节习俗的变迁

## 精听部分

**课文** 11-4

*1* 春节就是农历的元旦，因为这个节日正处于新春到来之际，所以近代人把它称为春节。过春节俗称“过年”。这个节日起源于西周①中期的祭祀活动，与农业生产密切相关。汉朝②初年，每当新的一年开始的时候，朝廷都要举行一次盛大的宴席。这种礼仪从汉朝一直延续到清朝③，而且每个不同的朝代往往要不断地增添新的内容。

*2* 春节是新的一年中第一个最为隆重的节日。每当春节来临，家家都要准备丰盛的饭菜，人人都要穿上崭新的衣服，节日气氛格外浓厚。为了过好这个节日，人们早在一个月前就开始作各种准备，比如打扫卫生，买酒肉蔬菜，在门上贴对联，等等。到了除夕，各项准备工作都已经完成了，全家人团聚在一起，美餐一顿，欢欢喜喜，说说笑笑，直到深夜，有的人甚至整夜不睡。人们把这种风俗叫做“守岁”。20世纪90年代之前，人们在除夕晚上全家吃了团圆饭后，就点放爆竹，在热热闹闹的气氛中度过新旧交替的一天。90年代以后，大多数家庭先吃团圆饭，然后一起看电视里的春节联欢晚会。在北京等几个大城市，放爆竹则要去郊外，因为人们过年也希望安宁、安全。

*3* 每当节日来临，无论是偏僻的乡村，还是繁华的都市，到处都可以听到爆竹的声响。放爆竹是春节期间最普遍的一项习俗。“爆竹”就

是"鞭炮",是用纸卷火药做成的。其实,在火药发明之前,所谓爆竹是将竹子放到火上烧烤发出声响。据说用这种办法可以驱逐一种怪物。今天的爆竹失去了它本来的意义,但是它却能使节日气氛更加欢快、热烈,使人振奋。

4 春节期间,另一项重要的活动就是"拜年"。正月初一、初二、初三这几天,从清晨到傍晚,男男女女、老老少少,或成群结队,或三三两两,走街串巷,络绎不绝。人们首先要向长辈拜年,祝愿长辈新年快乐。过去晚辈给长辈拜年的礼仪是磕头,长辈也要给晚辈赠送礼品。现在城市里的人已经废除了这一类旧礼节。但节日期间老邻居、老街坊、老同事等都要你来我往,互相问候,进一步增进友谊和团结。随着社会的发展,登门拜年也已经不再是问候亲人、朋友的主要方式,电话拜年越来越多地成了人们的第一选择。现在通信手段丰富多了,拜年的方式也是花样繁多。用手机短信息拜年也已成为拜年的主要方式之一。

(选自《中国的传统节日》)

## 预 听

11-3

### 四 听录音,填空

1. 英国王室将于21日在温莎堡举行盛大的晚宴和舞会,以庆祝王室四代五名成员今年的整岁生日。
2. 这样的书房,书香味淡了点儿,却又增添了些时尚的现代气息。
3. 一名四十多岁的女士,在中秋节来临之际走进了心理门诊。
4. 首都各界人士在这里载歌载舞,等候着新旧交替时刻的到来。
5. 这些高考状元有不少都来自偏僻的农村,甚至他们的家人都没有什么文化。
6. 在京城已绝迹十几年的动物饼干又卷土重来,在种类繁多的饼干市场占据了一席之地。
7. 这部电影展示并演绎了中国几十年来的社会变迁、历史变迁、文化变迁。

8. 这是自冷战结束以来美国首次大规模驱逐俄罗斯外交官。

9. 有关负责人称：目前实施的贷款政策将延续到6月30日。

## 精 听

11-5

### 一 听全文录音，选择正确答案

1. 春节起源于什么时候？ 答案 C 西周中期
2. 除夕的时候人们都做什么？ 答案 A 吃团圆饭
3. 现在，春节期间人们为什么要放爆竹？ 答案 B 使节日气氛更加欢快、热烈
4. 现在，春节期间的主要拜年方式不包括什么？ 答案 A 登门拜年

### 三 听全文录音，判断下列句子是否正确，并说明原因

答案 1. × 2. × 3. √ 4. ×
5. × 6. √ 7. × 8. ×

### 五 听录音，填空

春节期间，另一项重要的活动就是“拜年”。正月初一、初二、初三这几天，从清晨到傍晚，男男女女、老老少少，或成群结队，或三三两两，走街串巷，络绎不绝。人们首先要向长辈拜年，祝愿长辈新年快乐。过去晚辈给长辈拜年的礼仪是磕头，长辈也要给晚辈赠送礼品。现在城市里的人已经废除了这一类旧礼节。但节日期间老邻居、老街坊、老同事等都要你来我往，互相问候，进一步增进友谊和团结。随着社会的发展，登门拜年也已经不再是问候亲人、朋友的主要方式，电话拜年越来越多地成了人们的第一选择。现在通信手段丰富多了，拜年的方式也是花样繁多，用手机短信息拜年也已成为拜年的主要方式之一。

## 泛听部分

### 课文（一） 11-7

在很久很久以前，天上有十个太阳。它们把土地晒得冒烟，把庄稼烤得枯焦，老百姓也热得活不下去了。那时候，有个名字叫羿的人。他的力气特别大，也很同情受难的百姓，他用足力气弯弓搭箭，一口气射下了九个太阳。最后一个太阳吓得认了错，羿才留下它，让它早出晚归，为百姓多做好事。从那以后，羿的名字传遍天下，他成了人人敬仰的英雄。

后来，羿娶了一个名字叫嫦娥的姑娘做妻子，他们相亲相爱，过着幸福的生活。有一天，羿上山打猎，路上碰见一位道士。道士对羿说："你为百姓除害，立下了功劳。我送你一包神药，要是吃上半包，就会长生不老；要是全都吃下去，就会成仙升天。"羿把神药拿回家，交给嫦娥保管。他准备找个合适的时候，和嫦娥分吃这包神药，夫妻长生不老，永不分离。羿射太阳出名以后，有很多人向他学武艺。他的徒弟里有一个叫逢蒙的人，也向他学习射箭的本领。逢蒙表面对羿很恭敬，可是心肠很坏。他知道羿的家里藏着神药，就暗自想出个坏主意。这一年的八月十五，羿带徒弟出去打猎。傍晚的时候，逢蒙一个人偷偷溜回来，闯进羿的家里，逼着嫦娥交出神药。嫦娥大声喊叫，可是羿打猎还没有回来，哪里能听见？为了不让神药落到无耻的逢蒙手里，嫦娥只好打开药包，把神药全部吞进嘴里。突然，嫦娥觉得自己的身子像燕子一样轻，不由自主地飞出窗口，飘飘荡荡飞上了天空。嫦娥舍不得离开自己的亲人和家园，她就飞到离地面最近的月亮上去，住在广寒宫里。羿回家后听说这件事，赶紧追出门去，可是已经晚了！只见圆圆的月亮上，隐隐约约有嫦娥的影子。乡亲们说嫦娥还会回来，劝羿耐心等待。

第二年八月十五，羿想念嫦娥，就拿出嫦娥爱吃的水果，摆在院子里，还做了圆圆的月饼，表示团圆的心意，盼望嫦娥回来。时间过了一年又一年，嫦娥还是没有回来。慢慢地，人间也就有了在这一天过节的习惯，每到八月十五，都要准备月饼、水果等食品，晚上一边吃一边赏月。

（选自《嫦娥奔月的传说》）

## 课文（二） 11-9

昨天是农历正月初一，许多市民纷纷赶在新春第一天走亲访友，互相拜年送祝福。除传统的登门拜年之外，还有其他各式各样的拜年方式。不管是哪种拜年方式，折射的都是丰富多彩、有滋有味的生活，传递的都是对美好未来的祝福和期待。

时代虽然在不断变化，许多人却依然青睐传统的登门拜年方式。昨天中午，我们就在家里摆开两桌丰盛的新年酒，父母、五个堂兄弟及家人欢聚一堂，共享天伦之乐。这几年基本我们是一年一人，轮流做东准备一顿新年酒招待大家聚餐。这样既热闹又不会吃喝过多造成身体负担。新年里兄弟几家也照样串门，不过互相不再送拜年礼物，方便又节约。现在越来越多的人倾向于在春节假期里轻轻松松地走亲访友，更加自在地休闲。

此外，发送手机短信息也是春节拜年的一种重要方式。仅昨天一天，我收到的短信就不下百条。有同学朋友发的，也有同事发的；除了文字短信，还有不少是配有动画和音乐的彩信。为了表示诚意，我自创了几个短信，赶在昨天零点传出了第一时间的拜年祝福。正是由于这种传送范围广、便捷快速的特点，短信目前已成为人们最主要的拜年方式之一。尤其对那些依赖现代通信手段的年轻一代来说，这种祝福方式比起传统的拜年，似乎更能有效地传情达意。即使收到的只是一条群发短信，我也会感到高兴，因为那表明发短信的人还想着自己。

科技的发达给人们生活带来极大便利，也给人们互送祝福提供了方便。除了手机短信，QQ、MSN、诙谐生动的电子贺卡、有声有色的视频画面也成了人们拜年的新方式。昨天下午，我女儿和她同学同时上网，用视频会议软件互相祝福拜年，虽然远隔千里，却依然亲切温馨。

（选自百度贴吧）

## 练　习

**听全文录音，判断下列句子是否正确**

答案　1. √　2. ×　3. ×　4. ×　5. √

# 12 Lesson 12
# "入世"的震撼力

## 精听部分

### 课文 12-4

*1* 也许，我们的生活短期内不会因为"入世"而产生翻天覆地的巨变。但是，当我们或者我们的后代在回顾这段历史的时候，人们将深刻地体会到"入世"的世纪震撼力。具体而言，这种影响体现在以下四个方面：

*2* 第一，中国的老百姓将在中外竞争中真正享受顾客作为"上帝"的权利。因此，可以说"入世"是中国老百姓的福音。在商品供不应求的短缺经济时代，老百姓习惯了商家的白眼①，而今在市场经济中老百姓逐步适应了"当家做主"的角色，并且学会了维护自己的消费者权益。但是这还远远不够，我们经营者"官商②"的习气仍然浓厚，消费者在许多场合无法充分享有应有的权利。应该说，这种日子不会长久了，"顾客至上"这个口号将变成现实的行动。也许在某些国有商业银行的柜台上，您已经体会到了这种变化。

*3* 第二，树立商家和消费者之间的信用关系。我国经济现在面临的问题很多，而其中一个致命的问题迟迟没有得到很好的解决，那就是如何树立全社会的信用关系，具体到商业领域就是商家和消费者之间的信用关系。如果处理不好这一关系，那么每个人都要为这种无序的竞争付学费③，大家的福利水平都明显地下降。因此，必须依法办事、按国际

惯例行动，而树立信誉是我们从“入世”中所学到的第一课。

*4* 第三，同样的价格，享受更好的产品和服务。以邮政产品为例，邮政部门一直抱怨邮资费用偏低是导致邮政系统亏损的主要原因。但是根据北京邮电大学学者的测算，美国每封国内平信的价格与人均国内生产总值之比是1:90875，我国为1:8701。换言之，一个美国人的年收入可以寄九万封国内信件，而一个中国人的年收入可以寄八千多封国内信件。如此看来，我们的邮政收费并不低。同样的问题，还体现在许多方面，特别是国有垄断部门。所以，我们欢迎外资有步骤、有条件地介入金融、电信等服务业，一个目的就是希望传统的国有垄断部门尽快地适应竞争环境，加大改革力度，降低成本，更好地为顾客服务。

*5* 第四，增强居民法治观念，提高老百姓的金融风险意识。东南亚金融危机之后，人们常常议论的一个话题就是如何防范和降低金融风险。而“入世”之后，与国际资本市场进行更多的对接，特别是外资银行和保险公司来华的拓展，一方面可能会使国内市场与国际市场加强连接，出现连锁反应。另一方面老百姓将会从与外资金融服务机构的交往中增强风险意识，体会法治而不是人治④。同时，居民可以有更多的选择空间，通过投资品种的组合达到降低风险的目的。

（选自《中国乡镇企业》）

## 预　听

12-3

### 四　听录音，填空

1. 在各种新技术、新工具的冲击和推动下，传统的工作和生活方式已经发生了翻天覆地的变化。
2. 回顾两千年来的人类新闻发展史，确实是令人非常感叹惊奇。
3. 随着科学技术的发展，能给患者带来福音的新药越来越多。
4. 要加强对出租车行业的管理，维护出租车司机的权益。
5. 很多人都认为行动失败是由于队长的一次致命错误造成的。

6. 按照国际外交惯例，外交人员是可以不通过安全检查直接登机的。
7. 我希望儿子一心读书，决不允许他沾染社会上的不良习气。
8. 我们要进一步规范互联网信息服务经营活动，有效制止和防范有害信息传播。
9. 家电厂商应该通过了解消费者的真正需求来拓展市场。
10. 中国从7月开始有步骤地恢复入境游和出境游。

## 精 听 12-5

### 一 听全文录音，选择正确答案

1. 在当前的市场经济时代老百姓的生活是什么样的？

答案 B 老百姓学会了维护自己的消费者权益

2. 中国经济面临的一个致命的问题是什么？

答案 A 如何树立全社会的信用关系

3. 东南亚金融危机之后，人们常常议论的一个话题是什么？

答案 C 如何防范和降低金融风险

4. 这篇短文主要讨论了什么问题？

答案 C “入世”对中国人经济生活的影响

### 三 听全文录音，判断下列句子是否正确，并说明原因

答案 1. × 2. √ 3. √ 4. ×
5. × 6. × 7. √

### 五 听录音，填空

1. 第一，中国的老百姓将在中外竞争中真正享受顾客作为“上帝”的权利。因此，可以说“入世”是中国老百姓的福音。在商品供不应求的短缺经济时代，老百姓习惯了商家的白眼，而今在市场经济中老百姓逐步适应了“当家做主”的角色，并且学会了维护自己的消费者权益。但是这还远远不够，我们经营者“官商”的习气仍然浓厚，消费者在许多场合无法充分享有应有的权利。应该说，这种日子不会长久了，“顾客至上”这个口号将变成现实的行动。也许在某些国有商业银行的柜台上，您已经体会到了这种变化。
2. 第三，同样的价格，享受更好的产品和服务。以邮政产品为例，邮政部门一直抱怨邮资费用偏低是导致邮政系统亏损的主要原因。但是根据北京邮电大学学者的测算，

美国每封国内平信的价格与人均国内生产总值之比是1:90875，我国为1:8701。换言之，一个美国人的年收入可以寄九万封国内信件，而一个中国人的年收入可以寄八千多封国内信件。如此看来，我们的邮政收费并不低。同样的问题，还体现在许多方面，特别是国有垄断部门。所以，我们欢迎外资有步骤、有条件地介入金融、电信等服务业，一个目的就是希望传统的国有垄断部门尽快地适应竞争环境，加大改革力度，降低成本，更好地为顾客服务。

## 泛听部分

### 课文（一） 12-7

我们今天要讨论的不是什么叫创造力，不是关于它的很多理论，我们要讨论的是我们如何充分发挥创造力。我认为我们必须做到以下几点：

第一，要营造一个充分发挥创造力的良好的环境。这个良好的环境，我认为至少应包括三个方面：首先它是宽松的，只有在相对宽松、愉快的情况下，创造性才能发挥出来。其次要适度紧张，这也是个好的环境呢，怎么个适度紧张呢？就是有时候要制造一点危机，让大家有危机感。此外它还需要无畏，创造力的发挥要无所畏惧。有所畏惧，创造力就出不来。有个高中数学老师，在黑板上给同学们布置了四道题，让大家回去做。一个同学回家后，前三道都比较轻松地做出来了，第四道题他怎么也做不出来。他想：今天怎么搞的？我应该都能做出来的，怎么做不出来啊！他使劲做，直到东方发白，熬了一个通宵，做出来了。第二天给了老师，说："老师，我的家庭作业做完了。"老师看完惊呆了，问："你怎么把第四题也做出来了！原来，老师他没有注意，顺手把一道世界难题写在黑板上了，世界上都没有人能够解答的，结果这个同学他一下子给解出来了。你要是在课堂上说，这是世界难题，全世界是没有人能解的，那个同学回家也一定不碰它。所以说无畏才能创造。

第二，要积极开发创造思维。怎么积极开发？首先要充满好奇心。特别是司空见惯、熟视无睹的，你要问一个为什么。有人戏称科学是满足科学家好奇心的一个东西。创造就要充满好奇心。其次要有丰富的想象力，丰富的想象力是创造性发挥的前提，是基础，哪怕是异想天开。

第三，要有良好的心态。创新要有良好的心态，这个良好的心态一个是积极向上的心态，为了社会进步而积极向上。其次要经得起挫折，经得起失败。发明电的爱迪生，失败了1000多次，最后成功是在第一千零几次。记者问爱迪生：“你都失败了1000多次了，怎么还在努力？”他说：“我不是失败了1000多次，是成功了1000多次，每一次你们认为是失败，我都认为是成功。”

第四，要交流信息。通过交流信息产生创新的思想火花。假如你有一个苹果，我有一个梨，我把我的梨给你，你把你的苹果给我，我们交换一下物质，最后是什么？你的苹果变成我的梨，我的梨变成你的苹果，量没增加，质发生了变化。但是你有一个思想，我有一个思想，我们交换一下思想就不同了。你的思想给我，你原来的思想还在，我把我的思想给了你，你原来一个思想，现在变成了两个思想。你给了我一个思想，我原来的思想还在，我也有两个思想了。而在思想碰撞过程中，要是碰出新的思想、新的思想火花，就有3个思想、4个思想、5个思想出来，所以要交流。

最后一点，要让创新思维表现出来，要使得我们的创新、创造力变为现实，最重要的是要有丰富的知识，丰富的知识和创新思维、创造力的发挥成正比。丰富的知识从哪儿来？不是天上掉下来的，不是地下冒出来的，不是人原有的、头脑里面固有的，要通过两个字得到——学习。所以我们今天讲要成为学习型的企业、学习型的个人、学习型的社会。通过学习知识，让创新思维表现出来；通过学习知识，发挥创造力。

（选目《百家讲坛》栏目）

## 练习 12-8

### 听全文录音，选择正确答案

1. 这段讲话的主要内容是什么？

答案　C　介绍发挥创造力的方法

2. 中学生解答出世界难题的故事说明什么问题？

答案　C　发挥创造力需要无所畏惧

3. 爱迪生为什么能成功？

答案　B　因为他有良好的心态

4. 说话人举交换苹果和梨的例子的目的是什么？

答案　A　说明信息交流可以产生新的思想火花

5. 要发挥创造力最重要的是什么？

答案　C　要有丰富的知识

## 课文（二） 12-10

我们建设具有中国特色的市场本身就难，而建设具有中国特色的诚信体制更难。你提出个问题很容易，但是你要去解决它并不那么容易，我想从几个角度谈谈我的想法。

第一，人们不能指望着社会没有信用而市场有信用，人们也不能指望着个人没有信用而社会有信用。换句话说，在诚信建设上，强调的是从自我做起，从现在做起。在建设诚信的时候，它一定是从个人做起，只有个人有了诚信，社会才能有诚信；社会有诚信，你的市场才可能有诚信；市场有了诚信，契约才可能有效。这样一个过程，我想是人人都可以理解的。

第二，我们要建立一套记录所有信息包括数据库、客户监督机制、复核机制在内的完整的信用保障体制。收款机出现后，零售业的老板不再担心售货员把钱放入自己的口袋，就是因为它体现了这样一套信用保障制度的有效性。

第三，必须有强大的监督和强大的威慑力量。在建立信用制度的同时，社会对不讲信用的人还得有一个强大的社会舆论的压力。其实啊，我所讲的这个事情已经出现了，大家现在看到了，质量不合格的产品甚至都跑到电视台给他公布，我们叫曝光了。都给你曝光之后，那你说你怎么办？你怎么经营？所以这种压力是非常之重的，企业越大，越不敢拿自己的信用去折腾，道理也就在这儿。

（选自《百家讲坛》）

# 13 Lesson 13
# 城市的标志

## 精听部分

### 课文 13-4

*1* 北京是一座古城，它的标志因而也有历史性的变化。现在，北京的标志应该是天安门广场及四周的人民大会堂、天安门观礼台、中国历史博物馆所组成的建筑群。这是1949年新中国成立后，于20世纪50年代形成的北京的形象。而老北京的象征与标志，有人认为应该是故宫建筑群、天坛祈年殿、长城和九龙壁。在我看来，伴随北京城共同经受了几百年风霜雨雪[①]的古老民居建筑四合院，也应该算做老北京的标志。

*2* 北京四合院作为老北京人世代居住的主要建筑形式，驰名中外，世人皆知。北京的四合院历史悠久，自元代[②]正式建都北京、大规模规划建设都城开始，四合院就与北京的宫殿同时出现了。北京传统四合院住宅大规模形成由元朝开始。明清[③]以来，北京四合院虽历经沧桑，但这种基本的居住形式已经形成，并不断完善，更适合居住要求，形成了我们今天所见到的四合院形式。四合院文化所包含的，不仅仅是建筑风格、宁静气氛和同甘共苦的群体意识，四合院还深化、普及了京剧艺术，发展了书法和绘画艺术，在继承传统的礼节和饮食文化的同时又创造出低成本而别具风味的小吃，等等。可是现在，四合院特征已不复存在，小院多已残破，而住在里面的居民彼此态度也越来越冷淡。原有的整齐的长方形院子，被扩建的小屋挤得变成了畸形，通道弯弯，杂物堆

积，四合院已面目全非。四合院是旧时代的产物，今天已经不再适应社会的需要，所以逐渐被社会淘汰，也是很自然的事。

3 新的就是新的，旧的就是要淘汰，把重要的东西保护好才是当务之急。过去人们在保护四合院时，有时会不自觉地陷入一些误区。一是把人全都迁出去；二是推倒重来，大拆大建。有些四合院老旧了，开发者就把它拆了再重建一遍。但当时人的思想观念、审美情趣，现代人是模仿不出来的，因此往往弄得不伦不类。90 年代初那几年，为了“恢复古都风貌”，北京盖了不少“大屋顶”建筑，现在看来，大都失败了，因为这些建筑大都成了穿西服、戴瓜皮帽[④]的怪物。

4 近年来由于文人学者们的呼吁，北京市政府把故宫东西两侧的许多条胡同规划为四合院保留区。这对保留北京城的传统文化卓有成效。但是值得注意的是，政府之所以这样做，不是为了保留下一片片旧房子而已，而是为了继承和发扬原有的四合院文化内涵。原来四合院的文化精神，不论是宁静气氛，还是互相帮助、互相交流等各个方面，都对北京城整体的精神文明的提高大有好处。

5 北京在近几十年迎来了很多发展的新机遇。作为中国的首都，它在新时代必将诞生新的标志，它也应该有具有世界水平的现代性标志建筑。毕竟，北京是全中国人的北京。

（选自《生活时报》）

## 预　听　13-3

### 四　听录音，填空

1. 位于卢沟桥东的宛平古城，在历经了 360 余年风雨沧桑之后，昨天由市文物局拨专款开始修复。
2. 跨出大学校门，我便一直在寻找机遇。
3. 在返回阶段，航天员将再次经受超重的考验。
4. 我们的当务之急是深化社会保障制度改革，改善低收入群众生活。

5. 然而，这十年，读者的审美情趣也产生了很大的变化。
6. 掌握了以上几点，在油画收藏、投资上一般不会陷入误区。
7. 我希望今年通过我们卓有成效的工作，给所有北京的旅游者带来好心情。
8. 你身边看似平淡无奇的风景，恰恰有可能成为别人眼中美丽的风景，只是角度不同而已。
9. 联合国儿童基金会呼吁更多地关心穷苦儿童。

## 精　听　13-5

### 一　听全文录音，选择正确答案

1. 说话人认为老北京的标志性建筑应该是什么？

答案　C　故宫建筑群、祈年殿、长城、九龙壁和四合院

2. 北京传统四合院住宅大规模出现是在什么时候？

答案　A　元朝

3. 过去人们保护四合院时，容易陷入一些误区。以下哪项不属于这些误区？

答案　C　把胡同规划为四合院保留区

4. 现在最应该做的事情是什么？

答案　B　继承和发扬四合院的文化内涵

### 三　听全文录音，判断下列句子是否正确，并说明原因

答案　1. ×　2. √　3. ×　4. ×
5. √　6. ×　7. √　8. √

### 五　听录音，填空

四合院文化所包含的，不仅仅是建筑风格、宁静气氛和同甘共苦的群体意识，四合院还深化、普及了京剧艺术，发展了书法和绘画艺术，在继承传统的礼节和饮食文化的同时又创造出低成本而别具风味的小吃，等等。可是现在，四合院特征已不复存在，小院多已残破，而住在里面的居民彼此态度也越来越冷淡。原有的整齐的长方形院子，被扩建的小屋挤得变成了畸形，通道弯弯，杂物堆积，四合院已面目全非。四合院是旧时代的产物，今天已经不再适应社会的需要，所以逐渐被社会淘汰，也是很自然的事。

## 泛听部分

### 课文（一） 13-7

对世界遗产的保护、管理和利用，有很强的专业性、政策性和敏感的国外影响。根据我们对《保护世界文化和自然遗产公约》的理解，保护、保存是介绍、利用遗产的前提，也是世界遗产传承、永续利用的基础。“利用”主要是利用其价值，如利用其科学价值进行科研、科教、科考活动，利用其美学价值进行游览、观赏，利用其文化价值进行考察和传播历史文化知识。遗产利用的性质主要是精神与科教功能，而不是经济开发功能。用经济开发区的概念、政策去开发利用遗产地，势必导致遗产地的人工化、商业化和城市化，使风景区遗产地遭受严重破坏。因此，对遗产地的保护、利用、规划和管理，都必须有文化、建筑、宗教、林业、园林、旅游等方面的专家参与，否则这一切都只能流于空谈。为体现遗产地真实性、完整性的价值，对遗产地的保护与开发坚持“保护第一，利用审慎”是不容置疑的。世界上许多国家在遇到发展与保护的矛盾时，最终都是保护的力量占上风。我国从定海古城被毁、泰山索道修建，到鄱阳湖污染，都是以保护者的失败告终。原因在于对“保护第一”存在错误认识和法律机制的不健全。我们不希望“先污染后治理”“先破坏后重建”“不能用死人压活人”“两条腿的人穷得吃不上饭，谁顾得上保护四条腿的动物”“保护第一限制了资源开发利用”等“理论”与“实践”继续对中国的世界遗产构成威胁。只有坚持“保护第一，利用审慎”，才不会使遗产变成遗物、遗憾，才能有遗产旅游的可持续发展。

（选自《贵州日报》）

## 课文（二） 13-9

保留以前的文物，如北京的四合院、名人故居，就是保住了文化。从某个层面上看，这个观点有一定的道理，但仅限于和拆损相比。人是历史文化的创造者，历史文化又教育和造就着人类。北京的古代建筑是人文景观，因为有文化的人所以有了这样的景观。如今住在四合院里的人们，笼统地说他们就是创造这些景观的人的后代，他们是北京的原住民。几百年来，他们在四合院内生活着，形成了独特的思维体系。北京话、北京的风土人情在"四合院文化"中发展、成熟。文化永远是多层面的，"好"与"坏"都合理地存在，谁也无法人为地消灭，使其成为单纯个体。北京文化的内涵是极为丰富的，北京的古代建筑只是此中的极小部分，而组成北京文化的要素中最为重要的是北京人。

环境塑造人，也改变人。如果为了保护北京城的古建筑，而让多年生活在这里的民众离开他们的院落，来到新城区的高楼大厦中，他们还能称为"北京人"吗？他们离开了北京的环境、祖先传下来的乡音、人情关系，他们还能有什么？

环境与人的结合改变了人，也创造了文化。当北京的老城区以无人居住的状况存在时，当一批批居住在此的北京人迁往郊区时，北京文化的特性也随之渐渐消失。人们对老城区的观光只会让北京文化留在记忆中，使之成为一种历史。

（选自人民网）

## 练　习

### 听全文录音，判断下列句子是否正确

答案　1. ×　　2. √　　3. ×　　4. ×　　5. √

# 14 Lesson 14
# 彩票给人们带来了什么

## 精听部分

### 课文 14-4

1 国家提倡的事情很多，但只有发行彩票掀起了众人特殊的参与热情。这是为什么呢？我想这中间恐怕有更深一层的心理原因。

2 首先，绝大多数人在考虑投资效益之前会考虑到投资风险，而购买彩票的风险是很低的。以体育彩票为例，一注只有两元，人们完全可以根据自己的个人情况酌情购买。平日里，人们常常会随手花掉几元、几十元，因此买彩票的资金投入完全不会给个人造成经济负担。由于人们每次买彩票投入的钱数是有限的，而且这种经济支出是一点儿一点儿地进行的，所以很多人虽然屡次失望，但也不会过于在乎，不会觉得太心疼。

3 其次，人们通常都希望看到奇迹发生。日常生活是很现实的，有时也是很平淡的。人们渴望发生奇迹，渴望目睹、体验重大的变化。奇迹能够发生在自己身上最好；实在不行，发生在别人身上也可以。买彩票，恰巧可以满足人们的这一心理需求。

4 众所周知，任何事物都有其两面性，既有积极性的一面，也会有消极性的一面。不可否认，发行彩票在支持国家公益事业的同时，也极大地丰富了人们的业余生活。买彩票这种娱乐性消费给人们平淡的生活增添了不少乐趣，使人们多了一份期盼与希望。可由此而带来的一些负面心理影响也不能不引起人们的警惕。现在有些人对中奖投入了过多的精力和热情，整天研究投注号码的排列组合，又买书、求师，又找人切磋，甚至影响了自己的学习和工作。也有些人在买彩票的时候不能现实地考虑自己的经济能力，误以为投入的越多，中奖机会就越大；赌博心理使他们心态失去平衡，甚至由此造成家庭的不和。还有些人对中奖看得过重，每期开奖之前都处于不安之中，当得知自己未中奖后便又陷入烦恼焦躁的情绪中，把一项原本休闲性的娱乐活动，搞成了自我折磨。更令人担心的是一些年轻人，他们对事物缺乏独立分析的能力，如果一夜致富的想法过于强烈，会削弱年轻人执著奋斗的精神，也会淡化我们文明古国勤劳致富的优良传统。总之，发行彩票是件好事，但由此而产生的负面心理影响也应该引起人们的注意与反思。

*5* 面对当前的彩票热，众多彩民①应持有一份平常心。能中奖自然皆大欢喜，未中奖也不必过于沮丧；中大奖应当算做合法致富，没中奖就当做是支持公益。对彩票和中奖过于投入、过于执著，都是不理智的举动，因为除了那几位脱颖而出的获得 500 万的幸运儿和为数有限的其他中奖者之外，对于绝大多数彩民来说，要想通过精心的算计来获取 500 万的可能性近乎于零。

（选自《生活时报》）

## 预　听

14-3

### 四 听录音，填空

1. 韩国在 20 世纪 60 年代以后曾持续掀起过海外移民热潮，其中以移民美国为最热。
2. 大学也都设有各种类型的奖学金，有特长的学生可以酌情申请不同的奖学金。
3. 传染病有可能给经济带来严重的负面影响。
4. 他们明明是对民用目标进行袭击，却要说这是为了削弱敌方军队的实力。
5. 阅读效率低是人们获取知识与信息的最大障碍。
6. 要想应对各种挑战，重要的是通过心理调节维持心理平衡。

7. 为了使自己在众多应聘者中脱颖而出，毕业生们可谓费尽了心思。
8. 几十年前出版的小人书日益受到收藏家的重视，屡次成为拍卖会上的亮点。
9. 据悉，仅司马台长城和慕田峪长城就计划投入30万到50万元广告费作宣传，长城旅游竞争越来越激烈。
10. 幸福的人常做的一件事就是努力消除消极情绪。

## 精听　14-5

### 一 听全文录音，选择正确答案

1. 人们为什么喜欢买彩票？

答案　C　因为买彩票风险很低

2. 买彩票可以满足人们的什么心理需求？

答案　A　希望看到奇迹发生

3. 什么事情应该引起人们的警惕？

答案　B　发行彩票带来的一些负面心理效应

4. 下面哪种情况属于彩票的消极作用？

答案　C　削弱年轻人执著奋斗的精神

5. 讲话人认为彩民应如何对待彩票？

答案　C　应保持一颗平常心

### 三 听全文录音，判断下列句子是否正确，并说明原因

答案　1. ×　2. ×　3. √　4. √　5. √
6. ×　7. ×　8. ×　9. √

### 五 听录音，填空

1. 首先，绝大多数人在考虑投资效益之前会考虑到投资风险，而购买彩票的风险性是很低的。以体育彩票为例，一注只有两元，人们完全可以根据自己的个人情况酌情购买。平日里，人们常常会随手花掉几元、几十元，因此买彩票的资金投入完全不会给个人造成经济负担。由于人们每次买彩票投入的钱数是有限的，而且这种经济支出是一点儿一点儿进行的，所以很多人虽然屡次失望，但也不会过于在乎，不会觉得太心疼。
2. 众所周知，任何事物都有其两面性，既有积极性的一面，也会有消极性的一面。不可否认，发行彩票在支持国家公益事业的同时，也极大地丰富了人们的业余生活。

买彩票这种娱乐性消费给人们平淡的生活增添了不少乐趣，使人们多了一份期盼与希望。可由此而带来的一些负面心理影响也不能不引起人们的警惕。

## 泛听部分

### 课文（一） 14-7

有一位王先生，在中了 500 万元大奖之后，为了报答所有的亲朋好友、同学同事，一天之内花去了 100 万元购买礼物。短短几天，王先生发现属于自己的 500 万元只剩下了 150 万元，而此时一向对自己唯命是从的妻子突然像火山一样爆发了，原因是到现在为止王先生一分钱也没给过妻子的娘家。含冤受屈的妻子一赌气提出了要和王先生离婚，要通过法律途径讨回自己应得的财产。谈起这些，王先生说，"如果我不花这 100 万元，我面对的很可能是另一种背井离乡的命运，放弃熟悉的环境、熟悉的人际关系，一切重新开始，然而破了 100 万元的财后，我面对的仍旧是忠孝不能两全的困境。早知如此，我就该戴着面具去电视直播现场，不成为尽人皆知的百万富翁。"

表面看这是中奖者隐私权的问题，实际上这是我们社会对待中奖者的心态问题。彩票中奖是概率极低的事件，能够得奖的都是幸运者，如何对待这位幸运者也反映了一个民族的财富观。受传统观念影响，勤劳致富的概念在我们心目中还是根深蒂固的，在很多人心中靠中奖发财与非法致富是画等号的，彩票的奖金是不义之财，中奖者是不劳而获。如果中奖人怀有这种心理，那么他们很可能在中奖之后，搬到别的地方居住，编一个从商致富的理由开始新的生活；而如果是获奖者周围的人持有这种观点，那么这些人会有一种极度的不平衡感，尤其这种幸运发生在自己身边时，这种感觉尤为强烈，说得不好听这就是嫉妒。于是，如何应对登门造访的亲戚、朋友、同事、领导以及捐助单位已经成为每个中奖者所要面对的问题。要分一部分钱已经成为上门者一致的要求，这体现了一种劣势心理，更深层次上讲，这说明我们从观念上还没有形成对私有财产的重视，实际上中奖获得的财产与劳动所得一样，同样是神圣不可侵犯的私有财产。

（选自《信息产业报》）

## 练　习　14-8

### 听全文录音，选择正确答案

1. 王先生的妻子为什么要离婚？

答案　B　因为王先生中奖后没有给她母亲家一分钱

2. 什么事情让王先生很后悔？

答案　C　让别人知道自己中奖的消息

3. 传统观念中怎样看待中大奖？

答案　B　中大奖是非法致富

4. 应该怎样看待中奖者的奖金？

答案　A　它属于私人财产，别人无权侵犯

## 课文（二）　14-10

从心理学角度讲，意外的大奖和繁重的工作、突降的灾祸一样可以给人造成沉重的心理压力，这样的压力如果无法缓解，同样会造成严重的心理疾病。某些人在获奖之后产生暴富心理，这实际上是一种人格的变态，在国外甚至还有很多大奖获得者产生精神抑郁甚至自杀的事例。巨大的财富一方面缓解了人的生存压力，消除了经济条件对人的种种束缚；另一方面也改变了在正常情况下获奖人为人处世的标准和态度，金钱在人们心中的含金量会降低，由此导致肆意挥霍、滥用金钱，甚至任意胡为的行为出现。在一个新的标准形成前，获奖人可能会出现心理迷失，做出“越轨的行为”。对于很多人而言，中奖有如天上掉下的馅饼，人们担心来得容易去得快，最稳妥的办法莫过于把它变成实物。于是房子、汽车等耐用保值的消费品成了购物的首选。同时，这也是排解压力的反应，科学证明购物与饮酒、跳舞一样是人的发泄方式。从这个意义上讲，中奖不仅是经济行为，从如何对待奖金的问题上也可以看出一个人的心理素质和他的人品。

（选自《信息产业报》）

# 单元测试三（11~14课） Test 03

## 一 听段落，选择正确答案

1. 放爆竹是春节期间最普遍的一项习俗。“爆竹”就是“鞭炮”，是用纸卷火药做成的。其实，在火药发明之前，所谓爆竹是将竹子放到火上烧烤发出声响。据说用这种办法可以驱逐一种怪物。今天的爆竹失去了它本来的意义，但是它却能使节日气氛更加欢快、热烈，使人振奋。

问：火药发明以前人们为什么要点放爆竹？

答案　B　因为可以驱逐一种怪物

2. 随着社会的发展，登门拜年也已经不再是问候亲人、朋友的主要方式，电话拜年越来越多地成了人们的第一选择。现在通信手段丰富多了，拜年的方式也是花样繁多。用手机短信息拜年也已成为拜年的主要方式之一。

问：现在最主要的拜年方式是什么？

答案　A　电话拜年

3. 邮政部门一直抱怨邮资费用偏低是导致邮政系统亏损的主要原因。但是根据北京邮电大学学者的测算，美国每封国内平信的价格与人均国内生产总值之比是1:90875，我国为1:8701。换言之，一个美国人的年收入可以寄九万封国内信件，而一个中国人的年收入可以寄八千多封国内信件。如此看来，我们的邮政收费并不低。

问：说话人想说明什么？

答案　C　说明中国邮政收费不算低

4. 东南亚金融危机之后，人们常常议论的一个话题就是如何防范和降低金融风险。而“入世”之后，与国际资本市场进行更多的对接，特别是外资银行和保险公司来华的拓展，一方面可能会使国内市场与国际市场加强连接，出现连锁反应。另一方面老百姓将会从与外资金融服务机构的交往中增强风险意识，体会法治而不是人治。同时，居民可以有更多的选择空间，通过投资品种的组合达到降低风险的目的。

问：这段话想说明什么问题？

答案　C　“入世”对中国的影响

5. 近年来由于文人学者们的呼吁，北京市政府把故宫东西两侧的许多条胡同规划为四合院保留区。这对保留北京城的传统文化卓有成效。但是值得注意的是，政府之所以这样做，不是为了保留下一片片旧房子而已，而是为了继承和发扬原有的四合院文化内涵。原来四合院的文化精神，不论是宁静气氛，还是互相帮助、互相交流等各个方面，都对北京城整体的精神文明的提高大有好处。

问：北京市政府为什么要规划出四合院保护区？

答案　B　为了继承和发扬原有的四合院文化内涵

6. 过去人们在保护四合院时，有时会不自觉地陷入一些误区。一是把人全都迁出去；二是推倒重来，大拆大建。有些四合院老旧了，开发者就把它拆了再重建一遍。但当时人的思想观念、审美情趣，现代人是模仿不出来的，因此往往弄得不伦不类。20世纪90年代初那几年，为了"恢复古都风貌"，北京盖了不少"大屋顶"建筑，现在看来，大都失败了，因为这些建筑大都成了穿西服、戴瓜皮帽的怪物。

问：这段话的主要内容是什么？

答案　A　介绍人们在保护四合院时认识上存在的误区

7. 北京四合院作为老北京人世代居住的主要建筑形式，驰名中外，世人皆知。北京的四合院历史悠久，自元代正式建都北京、大规模规划建设都城开始，四合院就与北京的宫殿同时出现了。北京传统四合院住宅大规模形成由元朝开始。明清以来，北京四合院虽历经沧桑，但这种基本的居住形式已经形成，并不断完善，更适合居住要求，形成了我们今天所见到的四合院形式。

问：北京四合院什么时候大规模形成？

答案　A　元朝

8. 面对当前的彩票热，众多彩民应持有一份平常心。能中奖自然皆大欢喜，未中奖也不必过于沮丧；中大奖应当算做合法致富，没中奖就当做是支持公益。对彩票和中奖过于投入、过于执著都是不理智的举动，因为除了那几位脱颖而出的获得500万的幸运儿和为数有限的其他中奖者之外，对于绝大多数彩民来说，要想通过精心的算计来获取500万的可能性近乎于零。

问：说话人反对下面哪种对待中奖的态度？

答案　C　对彩票和中奖要非常投入、非常执著

## 二　听写句子

1. 新的一年开始的时候，这里要举行一次盛大的宴席。
2. 每当节日来临，无论是偏僻的乡村，还是繁华的都市，到处都可以听到爆竹的声响。

3. 当我们或者我们的后代在回顾这段历史的时候，人们将深刻地体会到“入世”的世纪震撼力。
4. 在市场经济中老百姓逐步适应了“当家做主”的角色，并且学会了维护自己的消费者权益。
5. 四合院文化所包含的，不仅仅是建筑风格、宁静气氛和同甘共苦的群体意识，四合院还深化、普及了京剧艺术。
6. 新的就是新的，旧的就是要淘汰，把重要的东西保护好才是当务之急。
7. 绝大多数人在考虑投资效益之前会考虑到投资风险。
8. 不可否认，发行彩票在支持国家公益事业的同时，也极大地丰富了人们的业余生活。

## 三 听录音，选择正确答案

1~4题是根据下面一段话——

真正的北京文化就在北京老城里面。北京是中国的首都，在这个城市中心，我们却建了像贫民窟一样的房子塞在那里，我觉得无法接受。让谁到北京来，我都希望他感觉到这是一个文化古都，是世界上的大城市。这个大城市大在哪儿呀？不是大在它的宽马路或者高楼，而是大在本身的历史文化涵义，在建筑的美上。我觉得很难过，在北京的市中心，我却想要哭，因为我觉得这样一个古都，它应该是一个非常美的城市。很多人跟我讲：“你看你老说保护平房、四合院，四合院能住几家人呀？”四合院在老北京里没有多少，它不是一种浪费，真正浪费土地的是这些大厦，是高尔夫球场，而不是我们的老城，我们的老城绝对不是在那儿浪费土地的，它有一天存在，它在那儿，它就是我们的文化符号。我就想还有一个很严重的问题——我们民族的自信心，因为北京的四合院是属于我们自己的，就好像我到法国以后，他们会给我介绍，这个建筑是什么时期的，他们会那么自豪地说“这是我们的”。我们的四合院也是属于我们的，我们的眼睛所看见的建筑不光是一个居住的场所，它更是一个文化的符号。这个符号反射到我们眼睛中间，我们走到路上看到它，就对它有一个很切实的概念，这是我们的文化，这是我们自己的东西。当我走出国门的时候，就会有一种自信心。我觉得现在可怕的是，见不到属于我们自己的建筑。如果我们满眼都是写着外国名字的大厦，等于说全是从外头来的文化符号，没有我们自己的文化符号，那我们就没有民族自信心了，走出国门以后没有民族自信心，那是非常可怕的。而这个东西不光是为了这一代的人，还有下一代的人，那怎么办呢？我说到这些是非常着急的。

1. 说话人认为作为世界上的大城市，北京最重要的是什么？

答案　C　有很深的历史文化涵义

2. 在说话人看来，下面哪种观点是错误的？

答案　A　在北京保留四合院是一种浪费

3. 什么事情让说话人感到害怕？

答案　C　没有民族自信心

4. 说话人主要想表达什么？

答案　C　保护四合院的重要意义

5~7 题是根据下面一段采访——

记　者：陈先生，有人说金融系统是中国目前市场化程度最差的经济领域之一，您对这个问题怎么看？

陈先生：这个评价应该说有大部分符合事实，但是因为金融这个概念很大，具体到什么行业就要看情况了，从目前的情况来看银行业市场化程度是比较差的。

记　者：正因为如此，有人觉得“入世”对金融业来讲是有利有弊、风险和机遇并存的。为了让大伙儿把这方面情况了解得更清楚，我想请您先介绍一下中国“入世”以后在金融方面的开放，我们国家究竟是怎么承诺的，比如：我们开放的速度有多快？开放的范围有多广？

陈先生：我们承诺的开放是分步骤进行的，具体到各个行业不太一样。以银行为例，我们签字后一个月就正式成为 WTO 的成员国了，从正式成为成员国开始，我们的银行业就开始正式对外开放，最初承诺的是某些业务对外开放，比如外汇方面的业务，两年以后人民币业务也要开放了。从区域方面来讲，一开始是在沿海地区、特区和几个主要的中心城市如上海、深圳开放，慢慢会增加一两个城市，到第五年所有的区域都会开放。

记　者：在有些报道中说中国要完全搞好金融方面的调整大概需要用十年时间，现在说我们国家在五年以内市场就要全面开放，在这里面我们的压力到底有多大？

陈先生：应该说非常非常大。我们可以比较我们的银行和国际的大银行，比如我们国家的工商银行，这个银行现在有 54 万左右的从业人员，而英国汇丰银行，它的人员大概是咱们工商银行的 1/10 左右，这两家银行的人数差得很远，但它们管理的资产规模，就是说它们的总资产是接近的，而且它们的利润状况差别很大，咱们工商银行的利润没法跟汇丰银行比较。你可以设想一下一旦把这两个银行放在同样的平台上进行竞争的话会是一个什么样的情况。

记　者：工商银行不是汇丰银行的对手。

陈先生：你这个话非常对。其他银行都是类似的。因为我们国家的银行基本上都是以传统业务为主的，一个是人员比较多，第二个是网点铺得也比较大，业务没什么特色，激励机制又不健全。根本的一点，我们国家的银行，尤其是工、农、中、建这四大国有商业银行，它们的产权关系是成问题的。我们说是“国有独资”银行，但谁真正代表国家行使这个所有权？是虚的。这很要命，没有人对银行真正负责，别说它在WTO的环境下，就不在WTO的环境下也很难弄的，所以在这个背景下我觉得竞争的压力确实非常大。

5. 记者这次采访的主要内容是什么？

答案　C　“入世”对中国金融业的影响

6. 中国的银行业什么时候正式对外开放？

答案　A　从中国正式成为WTO的成员国开始

7. 为什么说中国工商银行不是英国汇丰银行的对手？

答案　C　它们的利润状况差别很大

8~11题是根据下面一段讲话——

在心身疾病的发生当中，心理应激起着很重要的作用。心理应激是指人对于外界有害的物质、威胁、挑战等，经过自己主观评价之后，知道这样一种刺激、这样一种不良的事件或者客观事物，会给自己造成威胁，可能威胁我们自己的生存和地位，在这个时候所产生的一系列的生理、心理和行为的反应。心理应激是由应激源引起的。一般来讲，人类所面临的应激源可能有三大类：第一大类，灾难性事件；第二大类，个人应激源；第三大类，背景性应激源。那么是不是所有的应激源作用到人体都会导致人产生心理应激反应呢？这里还有其他一些因素在起作用，什么因素导致在同样一个应激源作用下，不同的个体反应不同呢？大概有以下这么五个方面的原因。

第一个就是个性特征。如果一个人比较外向，比较合群，假如他考试成绩不理想或失恋了，他就会去找他的好朋友、老师、同学或家人倾诉，获得情感上的支持，那么有可能有助于他更平稳地渡过他的这个创伤的心态。如果一个人比较内向，平常沉默寡言，当他遭遇什么挫折的时候，内心的体验就很强烈，有可能出现比较强的内心应激，而且他不善于表达，有可能这样的应激就会持续比较长的时间。所以个性特征影响一个人的认知评价，间接地影响一个人对应激源的反应程度。

第二个就是个人的经历和经验。比如说自己以前经历过考试失败，然后又奋发图强，努力学习，之后考试成绩就上来的，他有这样的一个经历，一次考试失败不会给他造成特别强烈的影响，所以，他也不会出现强烈的应激反应。

第三个是应激源的可预期性和可控制性。为什么“9·11”以后，有好多美国人产生了不安全感，上班只要一上大楼，坐在楼里头老往窗外看，因为他觉得“9·11”事件是当时在大楼里上班的人没有办法预期、没有办法控制、没有办法预测的，所以这样一个事件发生以后，人们就会对于自己在高楼里工作产生不安全感，觉得情况不可控制、难以预期。

第四，如何解释应激源。就是人们看到了像我前面说的那三类应激源的其中之一，设想如果自己遭遇这样的应激源的时候，自己如何去解释这样一个紧张性的刺激，或者是一个消极的事件。这个也很影响我们的应激反应的强度。

第五，社会支持系统。即是不是有好朋友，是不是有特别关爱自己的家人，如果有这样的社会支持系统的人，他们对于应激源的认知评价，相对地就比缺乏支持的人要好一些。

8. 这段话主要内容是什么？

答案　C　介绍导致不同的个体对相同应激源反应不一的因素

9. 如果我们的心灵受到创伤，怎样做才能减轻内心应激？

答案　B　找朋友、家人倾诉

10. “9·11”事件属于哪种应激源？

答案　A　灾难性事件

11. 什么样的人应激反应相对没那么强烈？

答案　C　有好朋友的人

# 总测试 Test 04

## 一 听段落，选择正确答案

1. 小李打电子游戏的历史已经有14年了，他报了一大堆三国游戏的名字，听得我直犯晕。

问：说话人是什么意思？

答案 C 他听不懂小李说的游戏名字

2. 中国女子围棋的实力很强，六次世锦赛六次夺冠，但就比赛机会而言，中国女子围棋选手不仅不如韩国，也比不上日本。

问：中国女子围棋存在什么问题？

答案 B 比赛机会少

3. 虽然“跳槽”一度是很多年轻人追逐的潮流，但是最近一项调查显示，越来越多的青年愿意在现有的工作岗位上发挥自己的才干。

问：现在越来越多的青年愿意做什么？

答案 C 在目前的工作单位努力工作

4. 如果我小时候父母有眼光、有能力好好培养我，让我或者有很高的外语水平，或者精通一门乐器，或者有任何一种一技之长，我找工作时就不会像现在这样难了。

问：说话人现在有什么困难？

答案 A 找不到工作

5. 近来，南宁出现了一元钱出租车现象，一元钱打车固然好，但一元钱不是得到批准的价位，一旦有消费纠纷，消费者可能得不到保护。

问：说话人对一元钱出租车现象持什么态度？

答案 C 怀疑

6. 今天是魏先生休假的第一天，可他并没有回家看望父母，而是飞往美国，利用休假的这几个星期，自费到美国斯坦福大学高级经理培训班，接受销售战略培训。

问：魏先生利用休假做什么？

答案 B 去名牌大学充电

7. 有人说父母让孩子上各种各样的课外班，是扼杀孩子们自由的天性，剥夺孩子童年的快乐。实际上，孩子们只是游戏玩耍受到了限制，不能尽情看动画片、看电视而已。

问：说话人如何看待父母让孩子上课外班的问题？

答案 B 赞成

8. 如果问一个三口之家，家庭中谁最应该买保险，许多家庭会毫不犹豫地选择孩子。其实，这种观念是片面的，是人们对保险认识的一个误区。实际上，家中的“经济支柱”万一出现意外，后果将是颇为严重的。

问：说话人认为三口之家谁最应该买保险？

答案 A 家里挣钱最多的人

9. 目前，年轻军官备受未婚女青年的青睐，这主要是因为年轻军官基本上都经过正规院校培养，普遍具有真才实学，稳重而有责任感。此外，素质好、有阳刚之气也是重要原因之一。

问：很多未婚女青年都喜欢什么样的人？

答案 C 年轻军官

10. 虽然传统的登门拜访仍是不可替代的拜年方式，但今年春节约有70%的北京人通过电话拜年，21%的人通过手机短信拜年。电子贺卡这种随互联网而来的新型拜年方式与城市发达程度、居民生活水平和计算机普及程度紧密相连，约4%的北京人选择了这一新潮的拜年方式。

问：今年春节哪种拜年方式在北京最流行？

答案 A 打电话

## 二 听对话，选择正确答案

1. 男：小张，那本书看完了吗？

女：没有，昨天吃完晚饭就开始看，可是不知不觉睡着了，一直睡到凌晨两点。

问：小张昨天几点睡的觉？

答案 C 不清楚

2. 女：大夫，我女儿今年两岁了，自从有了她，我的精神始终处于一种紧张状态。

男：这大可不必。家长一紧张，会让婴儿更不安。

问：女的是从什么时候开始紧张的？

答案 B 两年前

3. 男：听说小赵在北京找到了一份特别称心的工作？

女：可不是嘛！不只收入可观，而且还很受老板的赏识。

问：小赵的工作怎么样？

答案 C 他自己很满意

4. 男：妈妈，我想退学。

女：坚强点儿，孩子。不能成绩一滑坡，就对自己没有信心，要经得起挫折。

问：孩子遇到了什么问题？

答案 B 成绩不如以前

5. 男：都六点半了才开始做饭，八点也吃不上饭。

女：别急，看我的，保证半个小时后开饭。

问：女的认为她几点能做好饭？

答案 C 七点

6. 男：这所学校的学费不贵，学校的各种文体设施也挺齐全，咱就报这所学校吧。

女：这里的硬件的确不错，就是不知道他们的软件怎么样。

问：女的担心什么？

答案 C 学校的教学质量

7. 女：师傅，真是太谢谢您了。这是我的一点儿心意，请您一定收下。

男：您的心意我领了，但是东西不能收。以后下车的时候千万要带好自己的东西。

问：男的是一个什么样的人？

答案 C 拾金不昧的人

8. 女：这次旅游怎么样啊？

男：别提了，大大小小的旅馆都爆满，我们只好在火车站的候车室待了一晚。

问：男的对这次旅游的哪方面不满意？

答案 A 住宿

9. 男：你不是准备出国深造吗？怎么不报名参加托福考试呢？

女：去语言学校不需要托福成绩，我打算先上两年语言学校，过了语言关后再转入正规的大学。

问：女的准备做什么？

答案 A 出国上学

10. 男：我是英语专业的学生，我的英语水平比他高，为什么公司要他不要我？

女：我们需要的是既精通英语又精通计算机的人才。

问：男的为什么找工作失败？

答案 B 因为他不是跨学科的人才

## 三 听录音，选择正确答案

1~2 题是根据下面的对话——

女：爸爸，您一个小时赚多少钱？

男：为什么问这个问题？

女：我只是想知道。求求您告诉我，您一个小时赚多少钱？

男：我一个小时赚 100 块钱。

女：哦。爸爸，可以借给我 60 块钱吗？

男：小孩子要钱干什么？又要去买玩具？不行，快睡觉去！我每天在外面辛辛苦苦地上班，不是为了给你买那些无聊的玩具。

女：不是，爸爸。我现在只有 40 块钱，如果能凑够 100 块钱，我就可以向您买一小时的时间。我想让您今天早点儿回家跟我一起吃晚饭。

1. 小孩向爸爸借多少钱？

答案　B　60 块钱

2. 小孩为什么借钱？

答案　C　因为她想跟爸爸一起吃晚饭

3~5 题是根据下面的讲话——

据专家预测，到今年年底，北京老年人口比例将增至 14.6%，老人们迫切地需要社会提供全方位的养老服务。然而本市现有的养老设施在数量、分布、收费、功用及服务项目上，都不能满足老人的需要。大多数老人都愿意选择交通方便、设施较好的城近郊区的养老院。但城近郊区目前仅有 3850 张床位，而城近郊区老人有近 130 万，千名老人才有 3 张床位，远远不能满足需求；农村老人约为 56.7 万，拥有 7150 张床位，千名老人有近 13 张床位。比例的失调造成城近郊区的养老院供不应求，郊区的养老院大量闲置。养老设施的收费对老人们也是一种挑战。据了解，城市养老机构入住费每人每月平均为 1013 元，县镇养老机构为 899 元，农村为 845 元。而城区老人月收入为 700 元，远郊区、县老人的月收入才二三百元。因此，有关专家建议，近几年应在城近郊区多兴建养老设施；2003 年以前，农村不宜再新建养老设施，应把资金投入到改善条件、提高服务水平上来。养老设施应以中档为主，以适应大部分老人的支付能力。

3. 北京市现有的养老院存在什么问题？

答案　A　不能满足老人需要

4. 什么地区养老机构收费最高?

答案　C　城市养老机构

5. 专家建议如何解决北京市农村养老院的问题?

答案　B　改善条件，提高服务水平

6~8 题是根据下面的对话——

男：林老板，我听说有个人打电话让你们商店替他买了一张彩票，结果中奖了，而且当时中的是 660 万。

女：不，是 530 万。

男：这 530 万，因为是别人让你代买的，你完全可以不打电话告诉对方，你自己去领也没有问题，因为别人不知道他买的票是什么号码。

女：号码是他选的，但是彩票它有一个特点，就是不挂名、不挂姓，彩票在谁的手里就属于谁了，不流通的。

男：在你的手里应该是属于你的。

女：对。

男：这么多钱，那时候你是出于什么想法一定要把这个钱还给人家呢?

女：我觉得这 530 万，是客人打电话来叫我帮他买的，他又是我的熟客。如果这一期中大奖了，我不给他，说不过去，也过不了自己这一关。

男：我听说后来他为了表示感谢，还要给你 20 万，你也没有收。为什么?

女：我觉得 530 万我都不要，我要那 20 万干吗? 如果我要，我肯定要 530 万。我相信我现在才 30 岁，以后肯定有机会可以赚 20 万，所以我不需要他的 20 万。

男：那你有没有想过，如果你有 500 多万，你会干什么?

女：如果我有 500 多万，我就先给父母买一套大房子，然后再给自己买一辆汽车。剩下的钱贡献给我的家乡，让他们盖学校、修公路。因为我家乡的路不好走，下雨天都是不平的，没路灯，晚上走起来黑黑的。

男：你家里人有没有因为你这个做法对你有意见?

女：没有。因为从小我父母就教育我，别人的东西就是一分钱也不能要。

6. 林老板最近遇到了什么事?

答案　C　帮客户买彩票中了大奖

7. 林老板为什么不把中奖的彩票留给自己?

答案　A　因为她很讲信用

8. 如果中了大奖，林老板最想做的事是什么？

答案 A 孝敬父母

9~12 题是根据下面一段话——

章女士最近遇到了一个麻烦。她儿子最近刚申请开通了彩铃业务，却偏偏下载的是“鬼叫”声。这下苦了章女士，每天和儿子通电话总要被这恐怖的“鬼叫”声折磨一番，连晚上睡觉时，耳畔还会“响起”这种声音。章女士曾让儿子换一种铃声，却被儿子嘲笑她落伍。

目前，许多下载彩铃的网站，除了一些正常的歌曲彩铃外，都有“另类炫铃”的一栏，其中还有不少怪异彩铃，诸如黑楼孤魂、鬼来了、深林午夜之类，甚至还有枪声。每个听起来都令人毛骨悚然、心惊肉跳。然而这些恐怖彩铃颇受“潮流一族”的喜爱，每首彩铃的点击下载次数基本都有六七千，其中“鬼哭狼嚎”的下载次数已经上万。

恐怖彩铃能否限制？中国移动与中国联通两家公司的有关人士均表示，目前针对彩铃业务，两家公司都只负责对用户的申请开通与注销。用户开通彩铃业务后，在网上通过付费方式下载具体的彩铃，这属于用户的消费行为。用户具体下载哪些彩铃，公司与运营商都没有权利限制。

9. 章女士遇到了什么麻烦？

答案 C 她儿子使用“鬼叫”的彩铃

10. 什么人喜欢恐怖彩铃？

答案 C 潮流一族

11. 哪种恐怖彩铃被下载的次数最多？

答案 B 鬼哭狼嚎

12. 中国移动和中国联通能不能限制恐怖彩铃？

答案 B 不能

13~16 题是根据下面的一段争论——

主持人：近日，在一个国家风景区修建索道的工程引发了人们对究竟该不该在风景区修建索道的激烈争论。谢先生，您对这个问题有什么看法吗？

谢先生：我们谈的是国家风景区，就是我们过去古代的名山大川，应该算做世界遗产。自从它成为名山以后，它的作用主要是让人去进行精神文化活动。而索道对世界遗产的危害极其严重。第一，它破坏了地形，破坏了生态，这个是恢复不了的；第二个，它破坏景观，就是说从审美的角度看，它是一种视觉的污染物。第三点，它促进了商业化，泰山修索道以后，几十家商店都上去了，你看城市化了。

主持人：您的意思是说像这种自然遗产、文化遗产，不要说怎么建索道，根本就不能建。

谢先生：对，就好像画画儿的原作一样，这个遗产是古代和自然的作品，我们要完整无缺地传给下一代。如果有一幅画，你去加两笔，他去加两笔，这幅就不是原作了。

主持人：王女士，您也反对修索道吗?

王女士：我不赞成谢先生的意见。首先，以泰山为例。泰山从来不是一座单纯的山，其本身就是一部连续的历史画卷，记载着几千年绵延流传的文化。泰山景区内的交通，古时只有断断续续的古盘道，经过不同时期的修建后，才逐渐形成目前从山下到山顶总共6676级阶梯的壮观景象，现在又开通了汽车公路、索道，从中可以看出人类文明发展的历程。不让现代文明染指泰山的思想不仅会把泰山文化僵化，同时是对现代文明的贬低。其次，我认为，比起汽车公路和步行盘道，索道具有明显的优点：可以大大节省游客的行程时间；对地形、地貌及自然环境的破坏小；索道一般采用电力驱动，没有“三废”的排放以及噪音污染，适于风景名胜区对环保的要求。索道为促进景区内交通运输现代化和旅游业的发展起到了积极作用。华山没有建设第一条索道之前，游客一直停留在每年30万人左右，现在索道建成之后，增加了，去年是到52万人，今年可以达到60万人，游客显著地增加了。

主持人：谢先生，我们应该为这样的数字高兴嘛，更多的游客能饱览祖国大好河山了。

谢先生：不是。旅游的基本原则或者说原理是，旅要快、游要慢。因为风景景点，都是从山脚下一直到山上，所以登山不一定到顶，你就游到半山，也看了一半。古人有一句话，叫做看山如观画，像看画一样；游山如读史，就是读一本历史。我们现在反其道而行之，游，冲进去搞现代高速交通，唏哩哗啦就让人走了。这是索道对游山的一种误导。再一个，我认为要限制游山的人数，凡是游山，世界遗产或国家公园都规定，要限制人数的。因为风景区不是单纯为了旅游，这个是世界公认的。关于风景区，国家公认的有四项功能：第一，科学研究，保护自然也好，保护历史文化也好，这个科学研究的要求要达到；第二个是教育，爱国主义教育和科普知识教育；第三个是旅游，一般的观光游览；第四个叫启智，启发人的智慧。

王女士：这个我有看法。一个风景区保护是第一位的，这个我是什么时候都赞成的，但是一个风景区保护得使人不敢接近，那么这个风景区就变成少数人的了，不能叫大家去享受，这样它也失去了存在的价值。我们老祖宗留下来的这些文物古迹应该叫大家去看一看，去陶冶人们的情操，去给人们创造一个心灵放牧的环境。另外，人们的情趣雅俗不同，能达到谢先生那样品位的只是少数人，我们不应忽视大多数普通人的需要。

13. 谢先生反对在风景区修索道的主要理由是什么？

答案 A 索道对世界遗产的危害极其严重

14. 王女士认为修索道可以对什么事业起到积极作用？

答案 C 旅游事业

15. 谢先生认为应该怎样旅游？

答案 B 要像看画和读书一样慢慢地游

16. 王女士反对谢先生的什么观点？

答案 A 要限制游山的人数

17~20 题是根据下面一段采访——

记　者：张大妈，听说您二女儿六年前因为一起医疗事故变成了植物人，六年来，一直是您和您的大女儿照顾她。您二女儿的丈夫为什么不照顾她呢？

张大妈：唉，别提了。他已经好久没有来看过我女儿了。以前他还一个月来一次，但来了也不会主动安慰我女儿，陪她说说话，只是在病床边坐一会儿就匆匆走了。前几个月突然提出要离婚，从那以后接连几个月连人影都没看见。

记　者：李先生，您岳母告诉我，您想跟生病的妻子离婚，有这回事吗？

李先生：是的。自从她生病以来，我既要工作还要照顾儿子。每当我回到家，看到空荡荡的房间，我心里就酸酸的很不好受。最初我也尽心尽力照顾妻子，希望她能好起来。但是长时间和她没有任何语言和情感的交流，对她的感情也就越来越淡了。说实话，我也痛苦过，离婚是我思索再三才作出的决定，因为我想找人照顾这个家、照顾孩子，我也想过正常人的生活，不管遇到多大的变故，生活还得继续。现在在我心中已经很久没有家的概念了。所以我觉得离婚对于我们夫妻双方都会有好处。离婚后我会把她当做家庭成员继续照顾她的。

记　者：在审理这起离婚案时，一审法院认为原告和被告之间的感情已经破裂，夫妻关系也形同虚设，因此准予他们离婚。但李先生应拿出两千元钱作为对妻子的生活补助。对于法院这样的判决结果，女方家无法接受，认为法院不应该支持这种抛弃生病妻子的不道德行为。随后，他们向中级人民法院提出上诉，要求法院不判决离婚。张法官，在接到病人家属的上诉后，你们改变了判决结果，您能不能给我们解释一下改变的理由。

张法官：法律规定夫妻之间要互相履行义务，而女方成为植物人之后，男方五年来没有对女方进行照顾，这种做法是违法的，也是违反社会道德良心的。鉴于李先生履行义务的情况，我们暂不判决离婚，因此作出了不准予离婚的判决。但是需要注意的是，像这样的离婚案件，半年之后男方仍然可以提出离婚，而最终法院也会作出离婚的判决。对于夫妻间的扶助义务，除了法律中有限的规定外，更多地需要大家自觉履行。

记　者：郑教授，同样的一件事情一审法院和二审法院会作出完全不同的判决，这是为什么呢？

郑教授：不同的法官侧重点是不同的。一审法院的法官他侧重于保护丈夫离婚的自由权。二审法院更考虑到婚姻应该给每个人提供经济帮助、经济保障，要求丈夫更主动地、更全面地履行自己的义务。

17. 最近张大妈家发生了什么事？

答案　B　她的二女婿要跟二女儿离婚

18. 李先生为什么要离婚？

答案　A　因为他想过正常人的生活

19. 一审法院的判决结果是什么？

答案　B　批准李先生离婚，但是李先生需要赔偿爱人2000元钱

20. 中级法院改变判决结果的理由是什么？

答案　C　因为李先生在妻子生病期间没有照顾妻子

## 四　听写句子

1. 取得了美国国籍后，他可以名正言顺地在美国长期居住了。
2. 这次金融体制的改革成功地抵御了亚洲金融危机的冲击。
3. 为了不被淘汰，京城越来越多的人加入到“充电”的大军中来。
4. 随着社会保障制度的完善，一些人已经不再看重各种福利了。
5. 既然这个工作不能发挥你的潜力，你何必还要继续留在这里浪费时间呢？